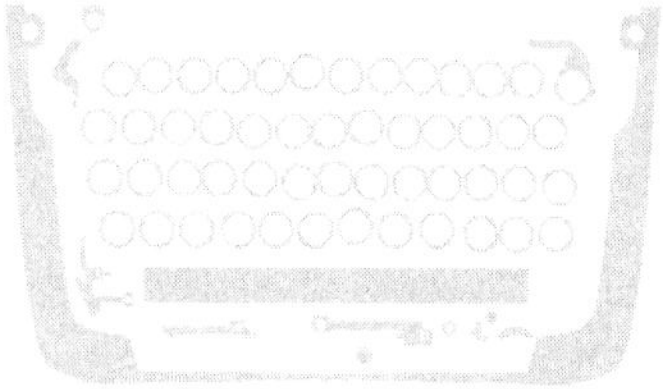

广播电视新闻专业“十二五”规划教材

新媒体实务

付晓光 著

中国传媒大学出版社
· 北京 ·

目 录

第一章　互联网发展历程及现状

本章要点

1. 互联网发展阶段

2. 中国互联网发展现状

如今，人们的生活离不开网络，各行各业的人运用互联网来工作、娱乐、消费。世界各地的人都在利用互联网进行信息交流和资源共享，互联网的影响力逐渐扩大，并带动了其他产业的发展。本章将重点讨论互联网的发展历程和现状，从历史的角度出发，展现时代的变化和互联网的变迁。

第一节　互联网的起源

推动互联网发展的直接动力是美苏冷战。1957 年 10 月，苏联将人类第一颗人造地球卫星“斯普特尼克”1 号送入太空。这颗卫星引起了美国的恐慌，因为它意味着在美苏争霸全球的竞赛中，苏联终于先行一步。

两个月后，时任美国总统的艾森豪威尔向国会提出，建立国防高等研究计划局后改名为“高级研究计划局”，简称“阿帕”，办公地点设在五角大楼（如图 1–1 所示）。当时的“阿帕”获得了国会批准的 520 万美元的筹备金，及 2 亿美元的项目总预算，是当年中国国家外汇储备的 3 倍。

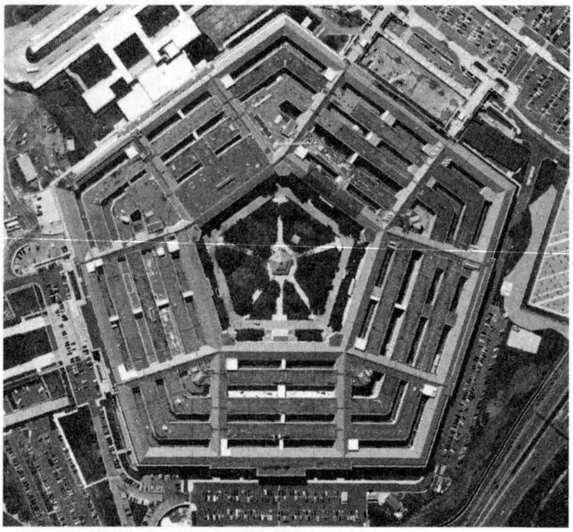

图 1–1　美国国防部五角大楼

美国国防部为了保证美国国防安全，即便在受到苏联第一次核打击的情况下仍然具有一定的生存和反击能力，提出设计一种分散的指挥系统：它由一个个分散的指挥点组成，当部分指挥点被摧毁后，其他指挥点仍能正常工作，并且这些指挥点能够绕过那些已被摧毁的指挥点而继续保持联系。为了将这一构想变为现实，前阿帕网项目负责人拉里·罗伯茨（Larry Roberts）带领当时的精英们创建分布式网络，其目的就是重新树立美国在军事、科技、应用开发方面的领导地位。最初的阿帕网只在美国加州大学洛杉矶分校、美国斯坦福研究院、美国加州大学圣巴巴拉分校和美国犹他大学设立了节点。一年后，阿帕网的节点扩大到15个。随后，越来越多的计算机加入到阿帕网中，平均每20天就有一台大型计算机登录阿帕网。1973年，阿帕网利用卫星技术跨越大西洋与英国、挪威实现连接，世界范围的计算机登录开始了。阿帕网就是我们今天熟知的“互联网”的雏形。

延伸阅读

美苏冷战是指1947年至1991年之间，以美国、北约为主的资本主义集团，与苏联、华约为主的社会主义集团之间的政治、军事斗争。其主要表现形式之一是开展军备、科技竞赛，争夺世界霸权。

第二节　互联网的发展

一、互联网发展阶段

可以说，是网络把很多计算机连接在一起。这里需要注意的是，网络互联并不仅仅是把计算机在物理上连接起来，这样做不能达到计算机之间交换信息的目的，计算机上必须安有能够交换信息的软件。互联网的发展大致经过三个阶段。

（一）由单一的阿帕网向互联网发展

为了寻找连接计算机的方法，罗伯茨和同时代的精英们思索了一年半的时间。这些精英们日后都对互联网的发展做出了巨大的贡献（如图1–2所示）。其中，保罗·巴兰提出“分布式通信系统”理论；罗伯特·卡恩和温顿·瑟夫起草了人类史上涉及面最广的一份文件——TCP/IP协议（传输控制协议/网际协议）；伦纳德·克兰罗克提出“分组交换”理论……这些杰出的理论思想在碰撞中迅速达成了共识，中心是靠不住的，他们必须在革命性的分布中寻找前景。而他们描绘的自己构想的形象，则是来源于人类经验中的存在了数千年的“渔网”。

延伸阅读

拉里·罗伯茨（互联网之父，前阿帕网项目负责人）：我们的观点是一致的，那就是建立分布式网络，因为如果你建立一个中心节点，把所有的计算机连接起来，那么中心节点总是会出问题——中心节点会过载并崩溃，因为流量过大，支持不了，我们不能建造那样的网络。如果今天的因特网是中心节点式的，那么我们的中心节点需要美国整个国家版图那么大。

图 1–2 阿帕网创造团队

在这张“网”上，每一个节点都是平等的，每一个节点到达另一个节点都有无限种途径。因此每一个节点既是重要的，又是不重要的。随着节点的增多，网络逐渐扩张，每一个新加入的节点都会让已有的节点和网络得到相应的扩张。在人类信息交流的世界里，处于特权地位的中心被解构了。当然，所谓社会结构扁平化的未来，还没有进入当时创始者们的视野中。

尽管科学技术的发展为互联网的出现提供了条件，但当时各个国家的人们并没有做好迎接互联网到来的心理准备。在不同的国家、不同的地区，或是不同的领域，出现了一个个小的“圈子”，比如，“科研网”“校园网”等。并且，由于最初的通信协议对于节点以及用户数量的限制，建立一种能保证计算机之间进行通信的标准规范显得尤为重要。

1972 年，罗伯特 · 卡恩（Robert Kahn）来到“阿帕”，并提出了开放式网络框架，也就是现在为我们所熟知的 TCP/IP 协议。1983 年 1 月 1 日，所有连入阿帕网的主机都实现了向 TCP/IP 协议的转换。为了将这些网络连接起来，美国人温顿 · 瑟夫（Vinton Cerf）提出一个想法：在每个网络内部使用各自的通信协议，在和其他网络通信时使用 TCP/IP 协议。这样一来，所有遵守 TCP/IP 协议的计算机都能与其他计算机利用网络通信互联，因此，人们将 1983 年作为互联网的诞生之年。从 1983 年 1 月至今，TCP/IP 协议成为人类共同遵循的网络传输控制协议。

延伸阅读

罗伯特 · 卡恩（TCP/IP 协议联合发明人）：IP 地址可以让你在全球互联网中联系到任何一台你想要联系的计算机，让不同的网络一起工作，不同网络上的不同计算机一起工作。

（二）建立三级结构的互联网[①]

20 世纪 80 年代初，美国一大批科学家呼吁实现全美的计算机和网络资源共享，以改进教育和科研领域的基础设施建设，抵御欧洲各国和日本教育与科技进步的挑战。从 1985 年起，美国国家科学基金会（National Science Foundation，NSF）利用阿帕网发展出来的 TCP/IP 协议，围绕六个大型计算机中心建立计算机网络，即国家科学基金网（NSFNET）（如图 1–3 所示）。它是一个三级计算机网络，分为主干网、地区网和校园网（或企业网）。这种三级计算机网络覆盖了美国的大学和研究所，成为互联网的主要组成部分。

1991 年，美国国家科学基金会和其他政府机构逐渐认识到，互联网必须扩大使用，不应局限于大学和研究所。同时，世界上许多公司纷纷接入互联网，网络的通信量急剧增大，原有的容量已经满足不了社会的需求。于是美国政府决定，将互联网的主干网交给私人公司经营，并开始对接入互联网的单位进行收费。20 世纪 90 年代初期，互联网实际上已成为一个“网络的网络”：各个子网分别负责自己的架设和运作费用，而这些子网又通过 NSFNET 互联起来。NSFNET 连接全美上千万台计算机，拥有几千万用户，是互联网最主要的成员网。随着计算机网络在全球的拓展和扩散，美国以外的网络也逐渐接入 NSFNET 主干网或其子网。

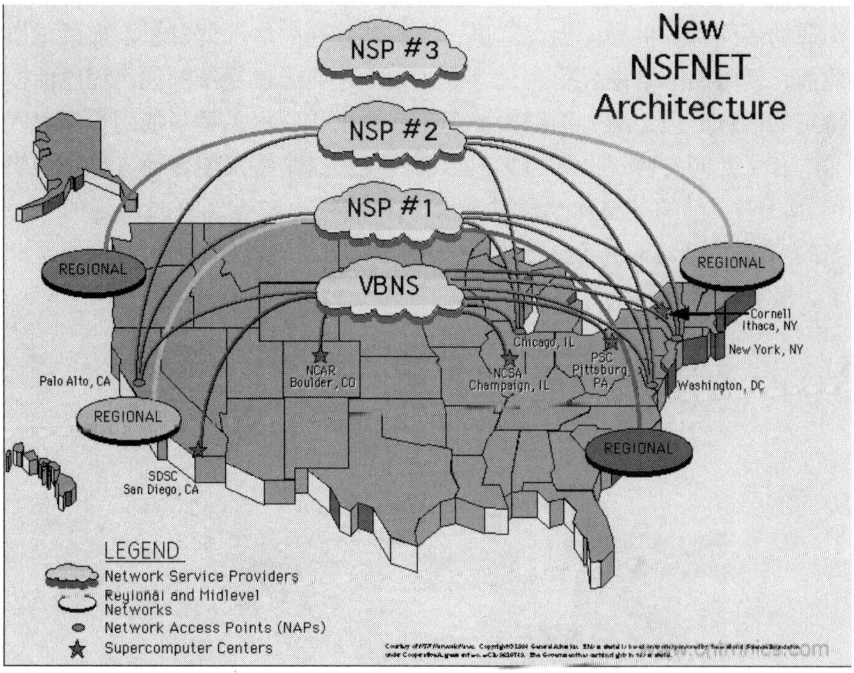

图 1–3　NSFNET 连接示意图

互联网的扩张不仅带来了量的改变，同时也带来了某些质的变化。互联网向全社会开放，多种学术团体、企业研究机构、个人用户的进入，使得互联网的使用者不再限于纯计

① 谢希仁 . 计算机网络（第五版）[M]. 北京：电子工业出版社，2008：4.

算机专业人员和政府工作人员，更多的非计算机专业人员可以通过使用互联网得到他们希望得到的信息。他们逐步把互联网当作一种交流与通信的工具，而不仅仅只是共享巨型计算机的运算能力。

（三）逐渐形成多层次 ISP 结构的互联网①

从 1993 年开始，由美国政府资助的 NSFNET 逐渐被若干个商用互联网的主干网代替，政府机构不再负责其运营，因此，出现一个新的名词 ISP（Internet Service Provider），即互联网服务提供者。在许多情况下，ISP 就是一个进行商业活动的公司，因此，ISP 又被叫作互联网服务提供商。ISP 拥有从互联网管理机构申请到的多个 IP 地址，同时拥有通信线路和路由器等联网设备，任何机构或者个人只要向 ISP 缴纳规定的费用，就可以从 ISP 得到所需的 IP 地址，并通过该 IP 地址接入互联网，这也就是我们常说的“上网”。

根据服务覆盖面积的大小以及拥有的 IP 地址数量的不同，ISP 大体分为三个层次。级别最高的第一层 ISP，服务面积最大，一般能够覆盖国家范围，还拥有高速主干网；第二层 ISP 和一些大公司都是第一层 ISP 的用户；第三层 ISP 又称本地 ISP，它们是第二层 ISP 的用户，并且只有本地范围的网络。一般校园网或企业网以及拨号上网的用户都是第三层 ISP。

互联网的迅猛发展始于 20 世纪 90 年代，欧洲核子研究组织总部将“万维网”应用于互联网。此前，人类已经创造的关于文字、声音、图像的不同文本，在电脑硬盘的底层依然是无法沟通的不同符号世界。但在这里，它们被共同的协议驾驭了，那就是所谓的超文本链接。此前，新生的网络世界里，只有专业人士才能通过复杂的代码程序前往特定的地方，捕捉特定的信息。但蒂姆·伯纳斯·李（如图 1-4 所示）编写的网页编辑程序，使不同类型的文本有了共同的协议，即超文本传输协议。这个协议使普通人使用网络时也不会迷路。伯纳斯·李贡献的超文本传输协议就是我们每次键入网址时出现的“http”。伯纳斯·李命名的 World Wide Web 就是人所共知的“www.”，中文译为万维网。至此，网页的概念出现了，所有人开始登录计算机。

图 1-4　蒂姆·伯纳斯·李

① 谢希仁. 计算机网络（第五版）[M]. 北京：电子工业出版社，2008：5.

延伸阅读

蒂姆·伯纳斯·李（万维网发明者）：HTTP（超文本传输协议）和HTML（超文本标记语言）就是电脑之间交换信息时所使用的语言。当你在电脑上点击一条链接，你的电脑就会自动进入你想要查看的页面，之后，它就会利用这种电脑之间的语言与其他计算机进行沟通。这就是HTTP——超文本传输协议。

万维网大功告成的时候，伯纳斯·李放弃了申请专利，将自己的创造无偿地贡献于人类。如果伯纳斯·李为万维网申请专利，他将是世界上最富有的人，但是他放弃了申请专利，他成了精神最富有的人。

在2012年伦敦奥运会开幕式上，创造了万维网的伯纳斯·李应邀来到主体育场的中央，在全世界的注目下，他在自己当年写作万维网软件的同型号的电脑上，敲击出他对整个世界的高贵情感——This is for everyone（献给每一个人）。

人类的掌声和欢呼，属于每一个互联网技术的伟大贡献者。

二、互联网发展的标志性事件

从互联网诞生至今的半个世纪的时间里，互联网飞速发展，渗透人们生活的各个领域，影响着人们的工作和生活。

- 1957年12月，阿帕计划确立。
- 1969年，阿帕网在美国四所高校设立节点，实验分布式网络节点（如图1–5所示）。

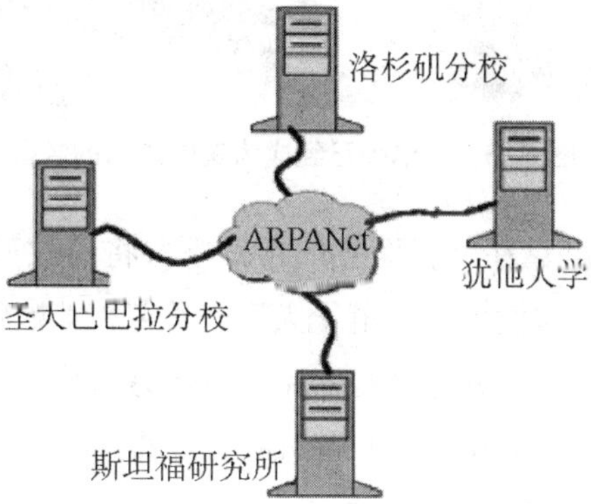

图1–5　分布式网络节点

- 1969年10月29日，世界上第一次互联网通信试验进行（从洛杉矶向斯坦福传递一个包含五个字母的单词LOGIN，意思是“登录”。但由于仪表显示传输系统突然崩溃，通信无法继续进行，试验仅仅传送了两个字母“LO”）。
- 1973年，阿帕网利用卫星技术跨越大西洋与英国、挪威实现连接，世界范围的登录开始了。

● 1983 年 1 月，TCP/IP 协议成为人类至今共同遵循的网络传输控制协议。

● 1987 年 9 月 20 日 20 点 55 分，按照 TCP/IP 协议，一封以英文、德文两种文字书写，意为“跨越长城走向世界”的电子邮件，从中国传到德国。

● 1991 年，蒂姆·伯纳斯·李（Tim Berners-Lee）编写超文本语言，万维网诞生。

● 1994 年 4 月 20 日，中国实现与互联网的全功能连接，成为接入国际互联网的第 77 个国家。

● 1995 年 8 月 9 日，一个基于万维网的公司“网景”在华尔街上市（如图 1-6 所示）。几个小时后，该公司迅速由 400 万美元变为拥有 20 亿美元的“巨人”，掀起了互联网资本热潮。《华尔街日报》评论道：“通用动力公司花了 43 年才使市值达到 27 亿美元，而网景只用了一分钟。”从 1996 年开始，硅谷每 5 天就有一家公司上市，每天都会增加 62 位百万富翁。据美国风险投资协会统计，1996 年，互联网产业的投资额占当年风险资本总额的 60%。在随后的几年里，这个比例一直有增无减。

图 1-6　华尔街已经成为美国财富的象征

● 1998 年，凯文·沃里克在外科医生的帮助下，将一枚硅芯片植入了他左臂的神经系统中，沃里克因此获得了“世界第一电子人”的称号。4 年后，沃里克进行了更大胆的实验，不仅再次在手臂中植入了更先进的芯片，还将另一枚芯片植入妻子的手臂中。沃里克希望通过植入体内的芯片，实现人与人之间最直接的连接。

● 1998 年 9 月 4 日，谷歌（如图 1-7 所示）以私营公司的形式创立，设计并管理互联网搜索引擎——“谷歌搜索”；谷歌网站于 1999 年下半年启用。

● 2001 年 1 月 15 日，维基百科正式上线，它被称为“网络百科全书”。

● 2003 年，阿尔菲·丹恩创办了一个用手机拍照并发送到互联网上的移动博客。在 2005 年伦敦地铁爆炸案中，移动博客对人员搜救和现场信息发布起到了重要作用。同年，BBC 实现了将过去传统报道中形成的组织机构的重新整合，特别增加了 UGC 社交网络媒体部，专门负责 24 小时收集来自全球的公民记者发布的信息。如今，在 BBC 每天发布的新闻中，来自公众发布的信息已经占据 40%。

图 1–7　谷歌位于美国硅谷的总部

● 2003 年 5 月，阿里巴巴集团投资创立“淘宝”，移动支付、网络购物的方式在我国兴起并迅速发展。仅 2014 年“双十一”一天，“淘宝”“天猫”交易额就达到 571 亿。①

● 2004 年，美国人马克 · 扎克伯格（如图 1–8 所示）创立脸书。脸书创立 3 年后，扎克伯格宣布全面开放脸书，所有人都能登上脸书开放平台开发软件、提供服务。不久后，脸书上出现了游戏、娱乐、工作、资讯等各类服务，而所有的服务都是由世界各地的脸书用户开发上传的。

图 1–8　马克 · 扎克伯格

● 2007 年，iPhone 手机问世，互联网不再被网线束缚，开放的应用商店使用户能够根据自己的喜好进行选择，使用更加个性化。

① 数据来源：阿里巴巴集团。

• 2007 年 8 月，虚拟歌手“初音未来”面世，她的声音是以语音合成程序为基础进行的开发。

• 2009 年，萨尔曼 · 可汗成立“可汗学院”，将教学视频发布到网络。可汗学院教学视频已经有 5 000 多个，翻译成了西班牙语、法语、俄语、汉语等 10 多种语言，覆盖了从幼儿园到高中的所有教学科目。

• 2009 年 8 月，新浪微博出现并被中国用户广泛使用。2014 年，在全球移动互联网大会上，新浪微博事业部副总经理芦义公布了新浪微博的最新数据：新浪微博注册用户已超过 3 亿，其中有 60% 的活跃用户通过移动终端登录（如图 1–9 所示）。

• 2011 年 1 月，腾讯公司推出“微信”软件，这是一个为智能终端提供即时通信服务的免费应用程序，是目前亚洲地区最大用户群体的移动即时通信软件。2014 年 8 月，腾讯公司发布的最新财报显示，截至 2014 年第二季度，微信月活跃用户达 4.38 亿。①

图 1–9　微博与微信

• 2011 年 2 月，美国国家广播公司的电视竞赛节目《危险边缘》，展现了一场人与机器的智力竞赛。

• 2012 年，在斯坦福大学任教的华裔科学家吴恩达，与谷歌合作构建了一个由 1 000 台电脑组成、含有 16 000 颗处理器、多达 10 亿个连接点的全球最大的电子模拟神经网络。在向这个人工神经网络展示了来自视频网站上随机选取的 1 000 万段视频后，在没有外界指令的情况下，这个人工神经网络自主学会了识别猫的面孔，甚至还能认出人的脸和身体。机器的这种自我学习能力，被视为越来越接近人类的思维方式。

• 2013 年 1 月，欧盟委员会做出决定，将人脑计划升级为欧洲科学研究的旗舰项目，并投入 10 亿欧元，推动这艘旗舰起航。

• 2013 年 5 月 7 日，首批 2 万台乐视超级电视面世，并在 15 分钟内售罄。乐视电视与互联网结合形成的新一代智能电视，除了拥有互联网资源，还有语音操纵和体感操纵等功能，真正实现了“人机交互”。

• 2013 年，4G 网络在中国投入商运。

• 2014 年，世界网民数量突破 30 亿。②

① 数据来源：http：//big5.ce.cn/gate/big5/www.ce.cn/cysc/tech/07ityj/guonei/201408/15/t20140815_3359384.shtml，2014–08–15。

② 数据来源：国际电信联盟《衡量信息社会报告 2014》。

第三节　互联网发展现状

一、世界互联网使用规模[①]

（一）网民数量增加，互联网在发展中国家虽普及但仍任重道远

2014年11月25日，联合国国际电信联盟[②]（ITU）最新研究显示，全球网民人数已经突破30亿。从2009年到2014年的5年间，发展中国家的互联网用户数量已经增加一倍，2/3的网民现在都生活在发展中国家。

报告公布的最新数据显示，2014年全球互联网使用率持续稳定增长，平均年增长率6.6%。其中，发达国家互联网使用率增长8.7%，发展中国家则为3.3%。尽管全球网民人数已经超过30亿这一里程碑，但国际电信联盟发现，依然有43亿人还无法联网，其中，90%的人生活在发展中国家。有25亿人生活在世界42个联网最少的国家，特别是广大农村地区。这些国家在信息获取、通信技术以及基础设施方面依然十分落后。

（二）移动蜂窝[③]用户约达70亿

到2014年年底，全球移动蜂窝用户接近70亿人，其中36亿人在亚太地区，这一攀升主要源于发展中国家用户数量的增长。目前，发展中国家的移动蜂窝用户占全球总用户数的近78%。但国际电信联盟估计，全世界依然有4.5亿人生活在移动蜂窝业务依然难以触及的地方。数据显示，移动蜂窝增长率已跌至有史以来最低水平（全球2.6%），表明移动蜂窝市场已接近饱和。

（三）固定宽带[④]普及率在发展中国家增长缓慢

到2014年年底，全球固定宽带普及率达10%。[⑤]在固定宽带用户中，亚太地区占44%，欧洲地区占25%。非洲的固定宽带用户尽管在过去4年中保持两位数的增长势头，但占全球用户总数仍不足0.5%，固定宽带普及率依然很低。欧洲的固定宽带普及率比其他区域更胜一筹，相当于全球普及率的三倍。国际电信联盟承认，在贫困国家中，访问国

---

① 数据来源：国际电信联盟《衡量信息社会报告2014》。

② 国际电信联盟：指主管信息通信技术事务的联合国机构，负责分配和管理全球无线电频谱与卫星轨道资源，制定全球电信标准，改善全球信息获取和信息技术方案等。

③ 移动蜂窝：指终端和网络设备之间通过无线通道连接起来。其主要特征是终端的移动性，并具有越区切换和跨本地网自动漫游功能。

④ 带宽：指单位时间内链路能够通过的数据量。

⑤ 同①.

际宽带的情况已经有了实质性改善，发展中国家在全球国际带宽中所占比已经从2009年9%增长到2014年的30%以上。

（四）全球移动宽带用户达23亿[①]

到2014年年底，全球移动宽带普及率达32%。发达国家的移动宽带普及率提升至84%，相当于发展中国家（21%）的四倍。全球有23亿移动宽带用户，其中55%的移动宽带用户来自发展中国家。移动宽带普及率最高的区域为欧洲（64%）和美洲（59%），紧随其后的是阿拉伯国家（25%）、亚太（23%）和非洲（19%）。

（五）发达国家家庭互联网接入接近饱和

到2014年年底，全球拥有互联网接入的家庭增至44%。[②]在发展中国家中，有31%的家庭拥有互联网接入，而发达国家为78%。数据表明，家庭互联网接入在发达国家已接近饱和。

联合国国际电信联盟电信发展局主管布拉希马－萨努（Brahima Sanou）表示，这些数字标志着全世界人与信息通信技术的亲密关系已达到了一个“分水岭”。

延伸阅读

布拉希马－萨努：在这些统计数字背后，是人们生活改善的真实故事。由于信息通信技术的发展，全世界人们的生活有了很大提高。我们的使命就是让无论生活在哪里的普通人都能使用信息通信技术。通过衡量信息社会，我们能够跟踪世界各地社会经济发展的进程和差距。

二、中国互联网发展现状

从1994年中国实现与互联网的全功能连接至今，中国互联网从无到有，从弱到强。中国利用互联网先进技术和理念，在政治、经济、文化等各方面进行符合国情的创新。截至2014年12月，我国网民[③]规模达6.49亿，全年新增网民共计3 117万人；互联网普及率为47.9%，较2013年年底提升了2.1%（如图1-10所示）。[④]

（一）我国互联网发展的趋势与特点

1. 即时通信：基础地位愈加稳固

即时通信作为第一大上网应用，在网民中的使用率持续上升。手机端即时通信的使用

①② 数据来源：国际电信联盟《衡量信息社会报告2014》。

③ 网民：过去半年内使用过互联网的6周岁及以上的中国居民。

④ 数据来源：中国互联网络信息中心第35次《中国互联网络发展状况统计报告》。

也一直保持着稳步增长的趋势。截至 2014 年 12 月，手机即时通信使用率为 91.2%，[①] 手机即时通信由于其随身、随时，并且拥有社交属性和可以提供用户位置的特点，自身定位逐渐从以前单一的通信工具演变成支付、游戏、O2O 等高附加值业务的用户入口，以其庞大的用户基数为其他服务提供了巨大的潜在商业价值。

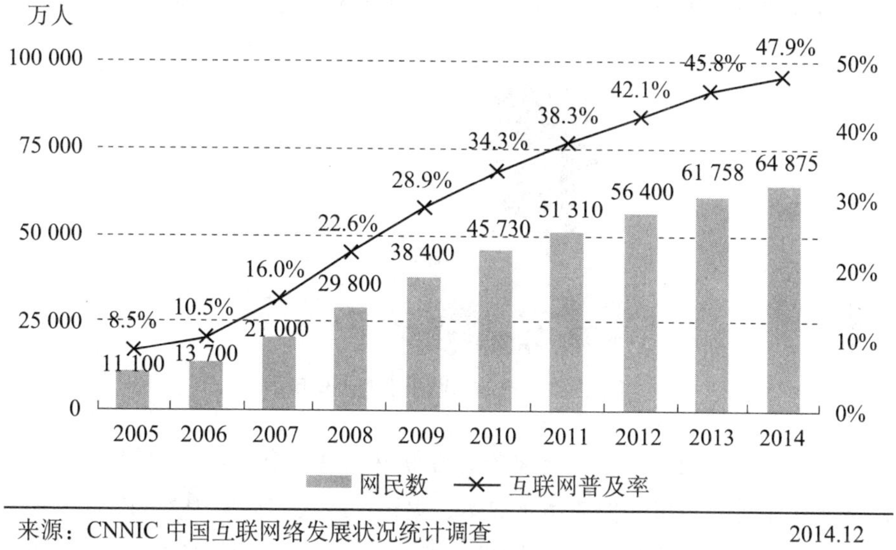

图 1–10 中国网民规模和互联网普及率走势图

2. 企业互联网发展：普及率提高，实际应用模式有所创新

我国企业互联网基础设施普及工作已基本完成，在办公中使用计算机的比例基本保持在 90%[②] 左右的水平上，互联网的普及率也保持在 80% 左右，但互联网实际应用水平仍存在很大的提升空间。随着各类互联网商业模式的发展，互联网与经济活动全面结合的深度、对传统商业模式的影响和改革程度进一步扩大，传统企业与互联网企业的分界也越来越模糊，互联网成为企业日常经营中不可分割的部分。

3. O2O[③] 发展：一线城市由增量向提质转变，全国医疗、家政 O2O 市场需求有待释放

O2O 企业在一线城市率先布局，在迎合用户需求，迅速集聚大量 O2O 用户的同时，由于互联网应用水平的提高使得深度用户数量增多，一线城市中 O2O 消费正在由数量增长转变为质量提升。二、三线城市 O2O 业务布局正在逐步展开，巨大的消费潜力将使 O2O 市场进入增量提质阶段。餐饮、休闲伴随团购市场发展起步较早，O2O 市场模式趋于成熟，正在向服务精细化方向发展。与此同时，全国医疗和家政 O2O 的发展刚刚起步，用户需求较为强烈，未来将具有较大的发展潜力。

---

①② 数据来源：中国互联网络信息中心第 35 次《中国互联网络发展状况统计报告》。

③ O2O：指线上营销、线上购买，带动线下经营和线下消费的模式。

4. 游戏：电脑网游① 仍为中坚，电视游戏成为新的市场热点

从用户规模、在线时长以及游戏收入等方面来看，电脑网游（如图 1–11 所示）吸引了最具价值的深度用户，其仍然是游戏市场的中坚，但网民增长速度整体放缓。电脑网游也在不断探索着适合自己的新商业模式。比如，将线上游戏与线下活动、甚至电视节目相结合，竞技游戏与竞技体育相融合，逐步形成了成熟的商业化运作模式。

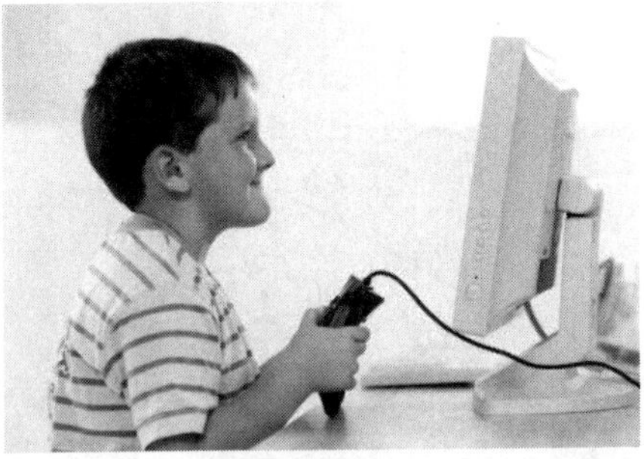

图 1–11　电脑网游吸引青少年用户

从目前电视游戏市场的发展态势来看，互联网电视、盒子在用户规模、用户增长率、市场推广都要快于游戏主机，但是由于成本、渠道、政策等诸多因素的影响，游戏主机厂商仍持谨慎的观望态度，并没有急于推进。因此，2015 年的电视游戏市场先由互联网电视 / 盒子引爆，而游戏主机还有较长的路要走。

5. 网络视频：用户规模平稳发展，移动终端受青睐

2014 年，网络视频用户整体规模仍在增长，但使用率略有下降；手机视频的用户规模和使用率仍然保持增长态势，但增速已明显放缓，网络视频行业步入平稳发展期。2013—2014 年，用户通过电脑收看视频节目的比例持续下降，而手机端的比例则持续上升（如图 1–12 所示）。截至 2014 年 12 月，71.9%② 的视频用户选择用手机收看视频，手机成为收看网络视频节目的第一终端。其次是台式电脑、笔记本电脑。平板电脑、电视的使用率都在 23% 左右，也是网络视频节目的重要收看设备。

6. 社交网络：向移动化、私密化方向发展

以手机和平板电脑为代表的移动工具携带方便，满足了用户即时社交的需求。移动社交能够综合移动网络、手机终端和社交网络这三者的特性，让用户随时随地进行沟通、阅读、创造并且分享内容，这是未来社交网络发展的一个新趋向。

由于信息膨胀和网络环境的变化，隐私成为用户日益关注的话题，社交网络向私密化方向发展。③ 如微信等一些应用，由于建立在个人通讯录基础上，就保障了关系链的亲密性、稳固性和真实性。私密性社交不同于传统的公共社交在平台上将个人信息公开化的方

① 网游：即网络游戏。

② 数据来源：中国互联网络信息中心第 35 次《中国互联网络发展状况统计报告》。

③ 赵文晶，杜琳．社交网络发展新动向研究［J］. 编辑之友，2014（6）：74.

式，它更加注重增进私人关系。用户可以通过手机通讯录细分圈子，与现实生活中熟识的人进行一对一或者是一对多的小范围实时沟通和信息分享。私密性社交不以拓展新的人脉和广泛互动为目的，而是注重挖掘和培育现有的人际关系，这就在一定意义上控制了信息的流向。私密性社交成为社交网络发展的一种新形式。

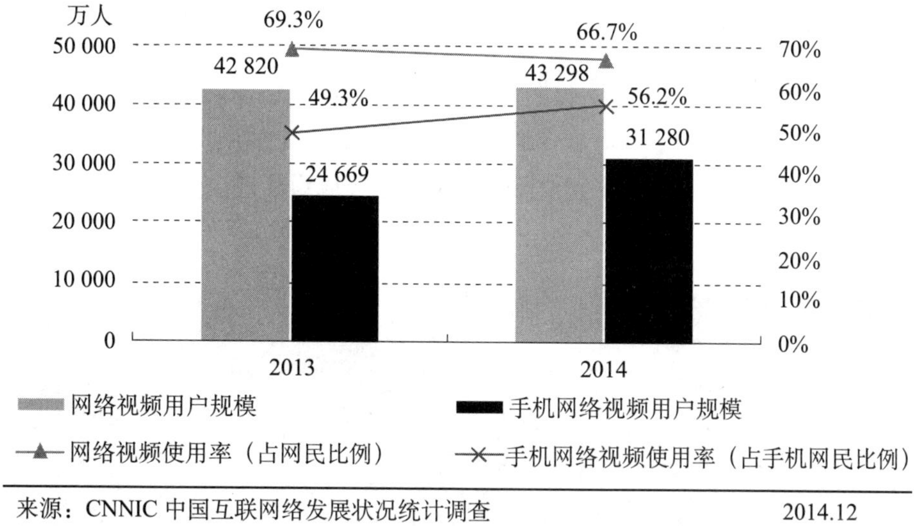

图 1-12 2013—2014 年网络视频 / 手机网络视频用户规模及使用率

（二）网民增长及互联网发展的宏观带动因素

1. *政府方面*

政府更加重视互联网安全。中央网络安全和信息化领导小组于 2014 年 2 月成立，旨在投入更多资源开展互联网治理工作，全力打造安全上网环境，消除非网民上网的安全顾虑。8 月，中央全面深化改革领导小组第四次会议审议通过了《关于推动传统媒体和新兴媒体融合发展的指导意见》，推动传统媒体与新媒体融合的工作正式提上社会经济发展日程，推动互联网成为新型主流媒体，打造现代传播体系成为未来的工作重点。互联网发展对非网民信息生活的渗透力持续扩大。

2. *运营商方面*

2014 年，中国 4G 商用进程全面启动。根据工信部发布的《通信业经济运行情况》显示，截至 2014 年 12 月，中国 4G 用户总数达 9 728.4 万户，[①] 运营商大力推广"固网宽带 + 移动通信"模式的产品，吸引用户接入固定互联网和移动互联网。

3. *企业方面*

2014 年新浪微博、京东、阿里巴巴（如图 1-13 所示）等知名互联网企业赴美上市，

① 数据来源：中国互联网络信息中心第 35 次《中国互联网络发展状况统计报告》。

使“互联网”成为频频出现的热点词。互联网应用得到了广泛宣传与报道，拓宽了非网民认知、了解、接触互联网的渠道，增强了非网民的尝试意愿。

随着网民对互联网认识的广度和深度的提升，我国网民人均周上网时长持续增长。2014年年底，中国网民的人均周上网时长达26.1个小时，①较2013年年底增加了1.1个小时。“去中心化”是互联网的基本属性之一，网络空间给广大网民提供了平等表达自己意见的“新公共领域”，并逐渐成为人们发表言论的重要场所。网络空间的“新公共领域”特征有助于其成为社会冲突的“安全阀”，良好、通畅的对话空间有助于缓解社会矛盾，促进社会和谐。近年来，我国政府积极倡导、引导网民使用网络参政议政，广大网民通过互联网通道评论时事、反映民生、建言献策，网络已经成为推进社会主义民主政治建设的重要工具。

图 1–13　阿里巴巴在纽交所上市

（三）个人互联网应用普及

1. 交流沟通类应用发展

（1）即时通信。②

截至2014年12月，我国即时通信网民规模达5.88亿，③比2013年年底增长了5 561万，即时通信使用率为90.6%，较2013年年底增长了4.4个百分点，在互联网应用中使用率位居第一。

即时通信服务作为互联网最基础的应用之一，伴随着智能手机的普及，在手机端也一

① 数据来源：中国互联网络信息中心第35次《中国互联网络发展状况统计报告》。

② 即时通信（IM）：指能够即时发送和接收互联网消息等业务。

③ 同①.

直保持着稳步增长的趋势。手机即时通信由于其随身、随时，并且拥有社交属性和可以提供用户位置的特点，其自身定位逐渐从以前单一的通信工具演变成支付、游戏、O2O 等高附加值业务的用户入口，以其庞大的用户基数为其他服务提供了巨大的潜在商业价值。未来，寻求差异化路线与独特定位，为用户提供更多有价值的服务，将成为即时通信发展的新方向。

（2）微博。

社交媒体与社交沟通类应用体现出不同的应用属性。2014 年上半年的“马航事件”和 2014 年下半年的“冰桶挑战”凸显了新浪微博作为社交媒体的传播速度快、传播范围广和社会影响力深远的特点。

2014 年随着腾讯、网易和搜狐等公司纷纷减少对微博的投入，各个微博服务商之间竞争逐步趋缓，用户群体主要向新浪微博倾斜，这也促使新浪微博用户数量较以往略有提升，新浪微博一家独大的格局明朗。

2. 信息获取类应用发展

（1）搜索引擎。

搜索引擎是网民除即时通信外使用率最高的互联网应用，手机搜索用户规模也在手机应用中位列第二位。作为基础应用，搜索引擎用户规模随着网民规模的扩大而持续增加；同时，搜索引擎企业产品与服务的多元化发展，也推动网民积极使用互联网搜索引擎。

截至 2014 年 12 月，我国搜索引擎用户规模达 5.22 亿，① 使用率为 80.5%；手机搜索用户数达 4.29 亿，用户规模较 2013 年增长 6 411 万人，增长率为 17.6%（如图 1–14 所示）。

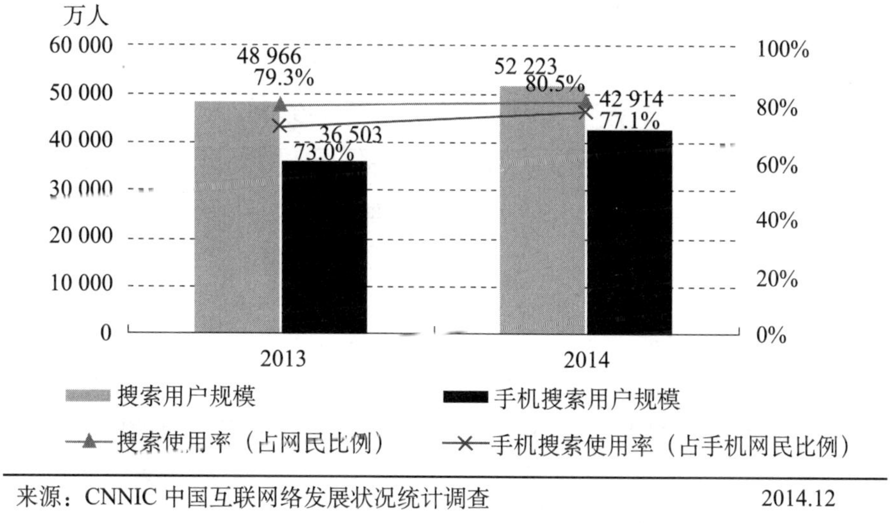

图 1–14　2013—2014 年搜索 / 手机搜索用户规模及使用率

① 数据来源：中国互联网络信息中心第 35 次《中国互联网络发展状况统计报告》。

目前，搜索服务与产品形式更加多样化。搜索服务已经从单一文字结果的展示方式，转变为文字、表格、图片、应用等多种形式相结合的丰富展现方式，从关键词搜索转向自然语言搜索、图片搜索、实体搜索等多种搜索方式。

同时，随着互联网 O2O 商业模式的发展，搜索引擎的角色也出现了重要转变。除了传统的将用户流量与互联网服务相连接的服务外，更加注重与线下商业的直接对接，打造 O2O 闭环，也是目前搜索引擎持续提高流量和收入的重要发展路径。

（2）博客。

自 2002 年起，博客在中国已有 16 年的历史。截至 2014 年 12 月，我国博客用户规模为 1.09 亿，① 网民中的使用率为 16.8%（如图 1–15 所示）。

博客是一个内容发布平台，它的兴起源自人们自我表达的需求。从社会传播的角度来看，它是一个社会化的草根媒体，让网民从信息的接收者变成信息的发布者和评选者。早期的博客，兼具自媒体属性和交互属性，是公众交流信息、展示自我的重要平台。随着社交媒体和社交网络的兴起，博客的交互属性逐渐被取代。如今，博客的创作者主要是精英人群，创造的内容也趋于专业化，博客的阅读者则主要把博客当成获取信息的渠道。

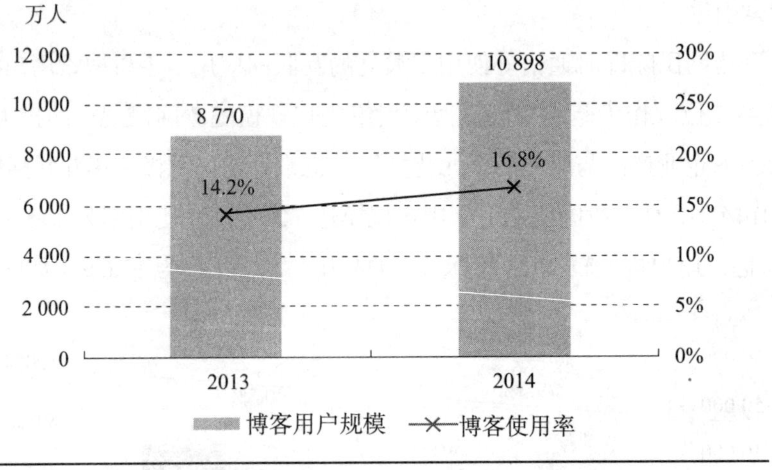

来源：CNNIC 中国互联网络发展状况统计调查　　2014.12

图 1–15　2013—2014 年博客用户规模及使用率

3. 商务交易类应用发展

（1）网络购物。

2014 年我国网络购物市场呈现出普及化、全球化、移动化的发展趋势。截至 2014 年 12 月，我国网络购物用户规模达到 3.61 亿，② 我国网民使用网络购物的比例从 48.9% 提升至 55.7%。

据阿里巴巴数据显示，2014 年“双十一”期间（如图 1–16 所示），217 个国家和地区

①② 数据来源：中国互联网络信息中心第 35 次《中国互联网络发展状况统计报告》。

在阿里巴巴平台上进行交易，跨境电商进入中国，开启全球化大众消费时代。仅2014年“双十一”当天，交易额就达到571亿。

手机网购激发移动环境下消费，推动网络购物发展。2014年手机购物市场发展迅速。据CNNIC数据显示，2014年我国手机网络购物用户规模达到2.36亿，是网络购物市场整体用户规模增长速度的3.2倍。手机购物并非PC购物的替代，而是在移动环境下产生的增量消费，并且重塑线下商业形态促成交易，从而推动网络购物移动化发展趋势。

图1-16　2014阿里巴巴“双十一”购物狂欢节

（2）团购。

截至2014年12月，我国团购用户规模达到1.73亿；[①] 与此同时，手机团购增长迅速，引领了团购市场发展趋势（如图1-17所示）。团购网站在创立初期仅扮演着信息中介的角色，但是以低价为诱惑吸引用户的发展模式具有先天结构缺陷，团购网站难以长期维系客户。面对2012—2013年团购行业资本市场遇冷的局面，团购网站纷纷谋求转型。

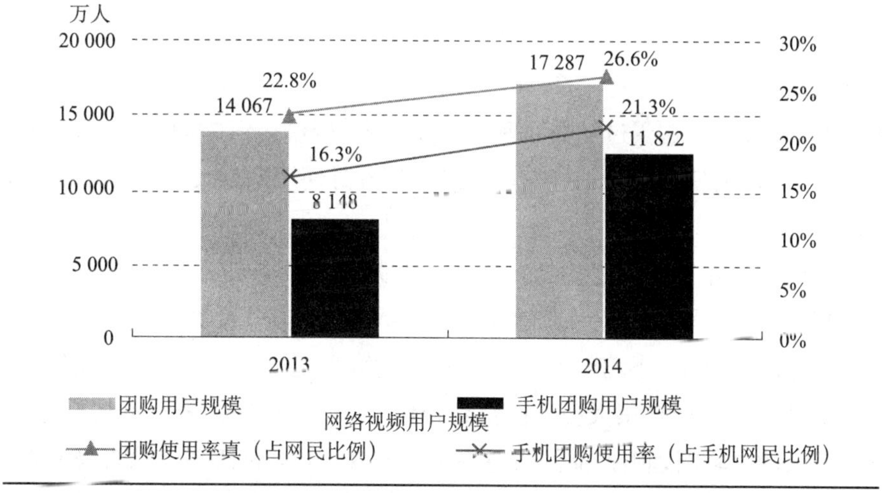

来源：CNNIC中国互联网络发展状况统计调查　　2014.12

图1-17　2013—2014年团购/手机团购用户规模及使用率

① 数据来源：中国互联网络信息中心第35次《中国互联网络发展状况统计报告》。

2015 年，团购网站会继续向 O2O 深化转型，借助移动终端拓展本地生活化服务市场。

（3）网上支付。

截至 2014 年 12 月，我国使用网上支付的用户规模达到 3.04 亿。同时，手机支付用户规模达到 2.17 亿，[①] 网民手机支付的使用比例由 25.1% 提升至 39.0%（如图 1–18 所示）。

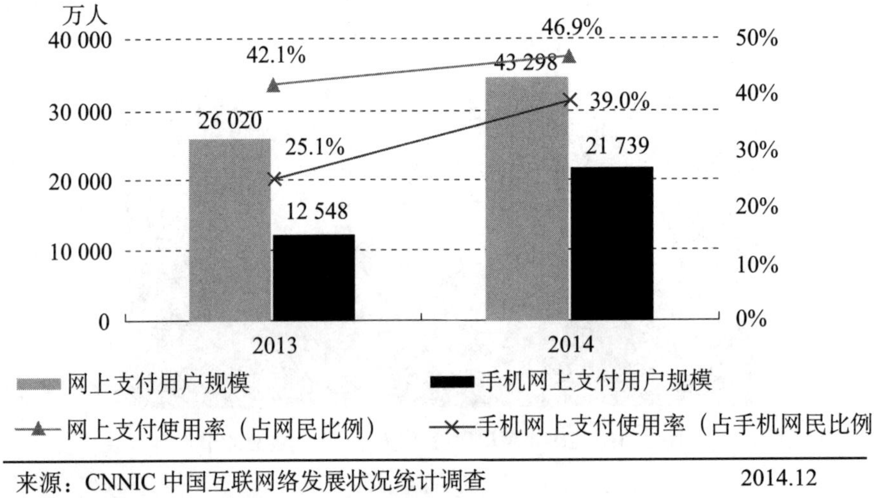

图 1–18　2013—2014 年网上支付 / 手机网上支付用户规模及使用率

在 2014 年网络支付市场中，支付宝拥有 88.2% 的品牌渗透率，处于绝对领先地位。2014 年第三方网上支付和银行卡支付在移动互联网领域对决，形成了多元化主体并存的局面。2014 年春节期间，大型知名互联网企业通过“红包”和“网上叫车”业务快速占领移动支付市场。随后，各大银行积极推广手机银行业务，同时联合银联、运营商大力推行手机支付业务。

（4）互联网理财。

截至 2014 年 12 月，购买过互联网理财产品的网民规模达到 7 849 万，[②] 较 2014 年 6 月增长 1 465 万人，网民使用率为 12.1%，较 2014 年 6 月使用率增长 2 个百分点（如图 1–19 所示）。

互联网理财产品在其发展之初的一年里风光无限，但转入 2014 年下半年，已基本结束了其用户规模爆发式增长的态势，增速开始放缓，同时新产品扩容速度也有所放慢，主要归结于以下原因：第一，由于互联网理财产品的购买便捷性、高流动性和其发展之初的高收益等特点使其潜在用户很大程度已得到转化。第二，受市场资金面持续宽松的影响，依赖于货币基金的互联网理财产品的收益率不断下滑，互联网理财产品自身的吸金能力慢慢减弱。第三，2014 年下半年中国股市的回暖，分流了部分原本流向互联网理财产品的资金，这也对互联网理财产品用户规模的持续快速增长造成一定影响。

①② 数据来源：中国互联网络信息中心第 35 次《中国互联网络发展状况统计报告》。

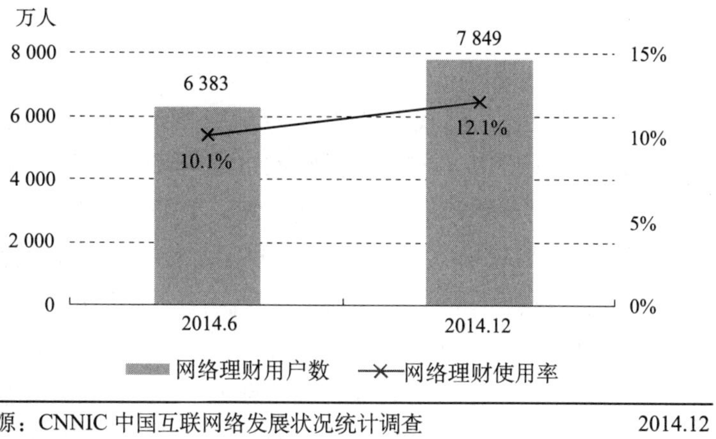

图 1-19　2014.6—2014.12 互联网理财用户规模及使用率

（5）旅行预订。

截至 2014 年 12 月，在网上预订过机票、酒店、火车票或旅行度假产品的网民规模达到2.22亿，[①]较2013年年底增长4 096万人，增长率为22.7%，网民使用率由29.3%提升至34.2%。在网上预订机票、酒店、火车票和旅行度假产品的网民分别占比 26.6%、13.5%、13% 和 7.6%。与此同时，手机预订机票、酒店、火车票或旅行度假产品的用户规模达到 1.34 亿，较 2013 年增长 8 865 万人，增长率为 194.6%，网民使用率由 9.1% 提升至 24.1%（如图 1-20 所示）。值得注意的是，手机在线预订旅行度假产品是移动端用户增长速度最快的商务应用，手机预订火车票对其用户规模增长贡献最大。

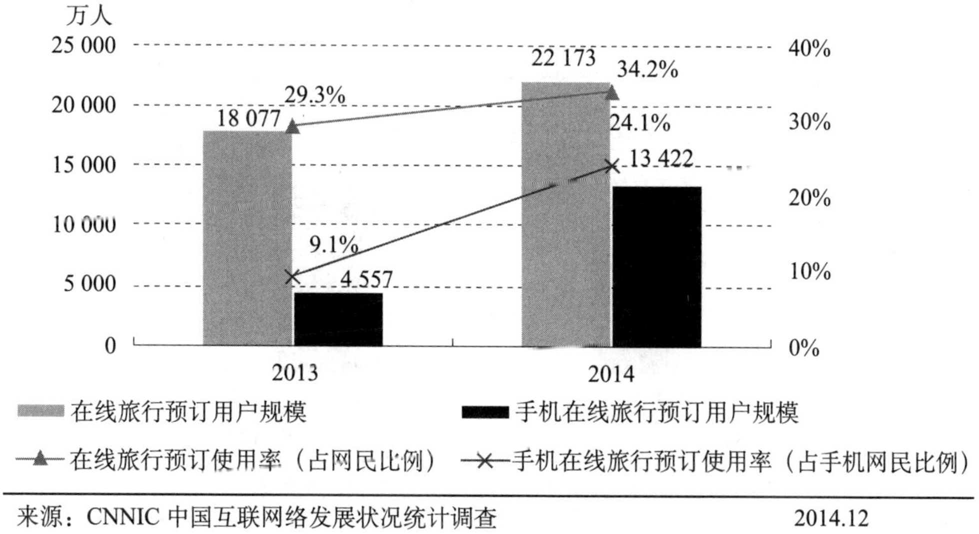

图 1-20　2013—2014 年在线预订旅行度假产品 / 手机在线预订旅行度假产品用户规模及使用率

① 数据来源：中国互联网络信息中心第 35 次《中国互联网络发展状况统计报告》。

4. 网络娱乐类应用发展

（1）网络游戏。

截至 2014 年 12 月，中国网络游戏用户规模达到 3.66 亿，[①] 网民使用率从 2013 年年底的 54.7% 升至 56.4%，增长规模达 2 782 万。手机网络游戏用户规模为 2.48 亿，[②] 使用率从 2013 年年底的 43.1% 提升至 44.6%，增长规模达 3 288 万。手机端游戏用户成为最核心增长动力的同时，也意味着电脑端网络游戏用户向手机端游戏的进一步转化。

电脑端网络游戏一直占据中国游戏市场最主要的位置，而其发展也为其他游戏类型的发展奠定了巨大的用户基础。从市场趋势来看，目前中国的游戏行业已经逐步进入高质量、多元化的发展阶段。首先，促进游戏行业发展的动力有：游戏政策进一步松绑，Xbox One、PS4 等游戏主机于近期在国内正式发售，使得游戏用户的使用选择拓宽；其次，网络的完善和上网设备趋于多样化，4G 网络的普及和智能手机硬件的提升促进了精品化、大流量移动游戏的进一步发展；最后，游戏作为文化产业的一部分，与影视、文学等产业的结合日趋紧密，逐步形成影视、文学与游戏的多向互动，促进了游戏产业与周边生态产业的整体发展。

（2）网络视频。

近两年，网络视频用户持续从电脑端向移动端转移，移动端成为视频网站竞争的主战场。在未来几年内，视频行业会朝着多屏幕、一体化的方向发展，电脑、手机、平板电脑、电视等多屏幕协同发展，视频网站也会继续向内容制作和硬件设备上渗透，建立全产业链的业务体系。

网络视频用户整体规模仍在增长，但使用率略有下降；手机视频的用户规模和使用率仍然保持增长态势，但增速已明显放缓，网络视频行业步入平稳发展期（如图 1–21 所示）。

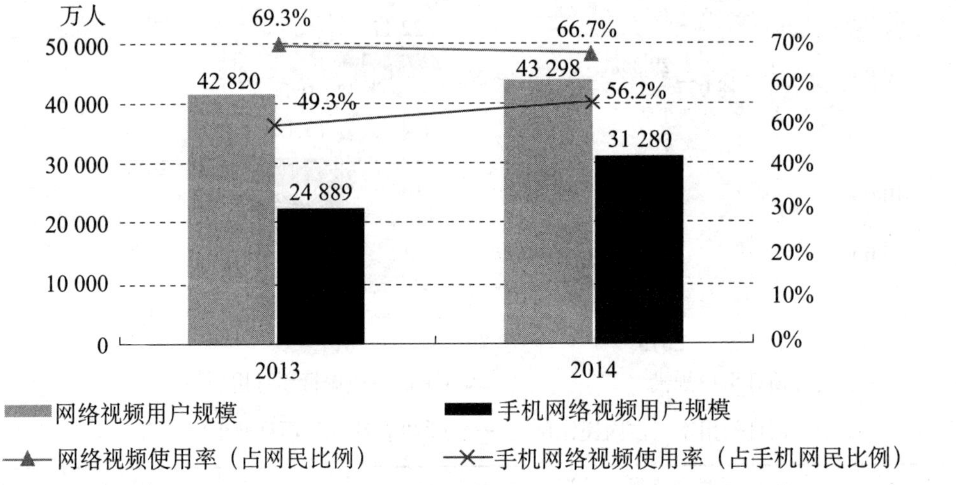

来源：CNNIC 中国互联网络发展状况统计调查　　2014.12

图 1–21　2013—2014 年网络视频 / 手机网络视频用户规模及使用率

①② 数据来源：中国互联网络信息中心第 35 次《中国互联网络发展状况统计报告》。

2014 年，主要视频网站都打着“自制元年”的旗号，大力发展自制剧，也涌现出一批知名度较大的自制剧作品，但绝大多数自制剧难以自立品牌，广告价值不高，利润率低。为此，视频网站将目光投向版权上游的影视公司，通过投资来获取内容版权，以此摆脱强势的电视台对优质内容资源的控制。同时，视频行业开始与电商、支付等行业合作，将视频和购物场景相结合，实现“视商合一”，用户在看视频的同时可以进行网上购物，从而在文化、娱乐、商务和支付方面产生强大的协同效应。

（3）网络文学。

截至 2014 年 12 月，我国网络文学用户规模为 2.94 亿，[①] 较 2013 年年底增长 1 944 万人，年增长率为 7.1%。网络文学阅读率为 45.3%，较 2013 年年底增长了 0.9 个百分点（如图 1–22 所示）。

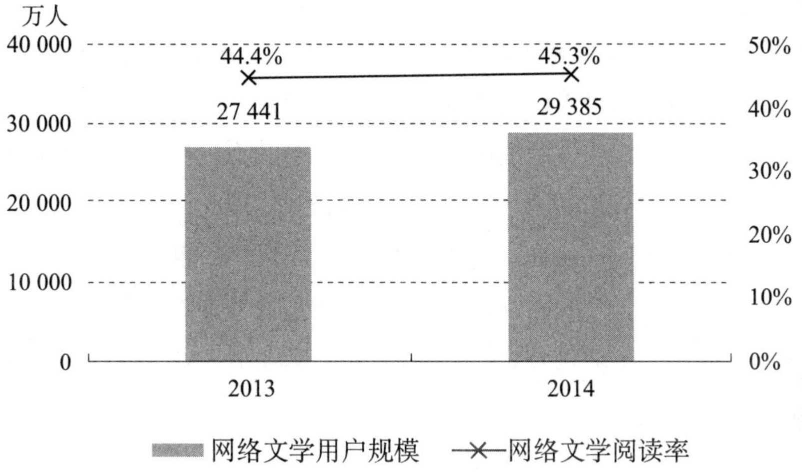

来源：CNNIC 中国互联网络发展状况统计调查　　2014.12

图 1–22　2013—2014 年网络文学用户规模及阅读率

网络文学自出现以来，以其低门槛和非传统性的内容，迅速获得了广大网民的认同并蓬勃发展，目前已经有了一条相当成熟的产业链。由热门网络文学作品培养大量用户、制造口碑，再通过影视剧改编、游戏改编、实体书出版等连带产生一系列衍生产品，实现了文学、游戏、影视、动漫等产业的交叉融合，不断在原有的内容上创造出更多价值。同时，随着智能手机的快速普及与 3G、4G 网络的迅速发展，网民可以通过移动设备随时随地进行阅读，使得网民的碎片化阅读需求被大大满足，极大地冲击了传统的阅读市场。

（四）中国网络视频行业的发展趋势

自 2004 年网络视频进入中国，至今已有十几年的历史。在这十几年中，随着风险投资的大量进入，网络视频行业迅速发展并成熟，成为休闲娱乐类的主要应用。目前视频行

① 数据来源：中国互联网络信息中心第 35 次《中国互联网络发展状况统计报告》。

业的格局基本确立，行业玩家正在商业模式上寻求新的突破。据 CNNIC 预测，[①] 未来视频行业会朝着以下几个方向发展：

第一，多屏幕、一体化，电脑、手机、平板电脑、电视等多屏协同发展，互联网电视将成为未来客厅娱乐生态的中心。网络视频发展初期，电脑是人们收看视频节目的主要渠道。在移动互联网时代，人们使用电脑看视频的比重逐渐下降，对手机、平板电脑等移动端产品的使用比例上升。自 2013 年起，众多互联网公司陆续推出自己的互联网电视、盒子产品，加速布局客厅生态。经过互联网模式改造后的客厅，电视这一大屏幕会在其中发挥重要的作用。

第二，下沉至硬件，平台 + 内容 + 终端的方式会成为未来视频行业的主流。在此前的视频行业中，大家争抢的主要是内容，靠内容来吸引用户。而未来，软硬件结合的布局才是视频巨头拼抢的关键。2014 年上半年，视频行业的智能硬件市场异常活跃，这同样是一场入口之争，与互联网流量入口有着同样重要的作用。

第三，上升至内容，内容依然是视频网站的核心竞争力。在视频版权逐渐走向规范化的情况下，优质版权内容带来的用户流量优势更加凸显。因此，各大视频厂商针对优质版权内容的激烈竞争仍将继续。在自制内容方面，各大视频厂商也会从自身资源、运营优势出发持续进行投入。未来，自制战略将继续成为视频厂商的重要着力点；视频网站与影视公司的合作将进一步加强，通过另一种“自制”的方式获取内容版权，保证内容质量，加强视频厂商的品牌打造。

第四节　互联网用户的使用倾向

一、泛娱乐化

正因为我国的互联网用户群体非常年轻，网络的使用有“泛娱乐化”的趋势。“泛娱乐化”体现于以下两点：

首先，发展失衡。国内娱乐网的发展遥遥领先于政务网、企业网等。

其次，全面娱乐化。主流媒体和非主流媒体、商业媒体与政治媒体都在娱乐化。随便打开一个网站，就可以看到网络游戏、论坛灌水、音乐与影视下载等娱乐内容。即使是知识传播或政治宣传，为了适应网络传播的特点，为了适应这个自媒体的时代，也常常以娱乐化的形式呈现。

---

① 资料来源：中国互联网络信息中心第 35 次《中国互联网络发展状况统计报告》。

二、移动终端化

进入移动互联网时代，从过去使用台式电脑或笔记本电脑（即电脑端）上网，转变为现在的互联网用户将更多的上网时间花在了移动终端上。

2014 年上半年，我国网民中使用手机上网的比例持续增长，从 81.0% 上升至 83.4%①，增长 2.4 个百分点；通过台式电脑和笔记本电脑上网的网民比例略有下降。2014 年，我国网民使用手机上网比例首次超过传统电脑上网比例（80.9%），手机作为第一大上网终端设备的地位更加稳固，我国移动互联网的发展进入了全民时代（如图 1–23 所示）。用户向移动终端的转移，使整体网民对于电脑的使用率持续走低。同时，2013 年新增的网民中，手机用户的占比达到 73.3%，手机也是互联网用户规模扩大的一大推动力。

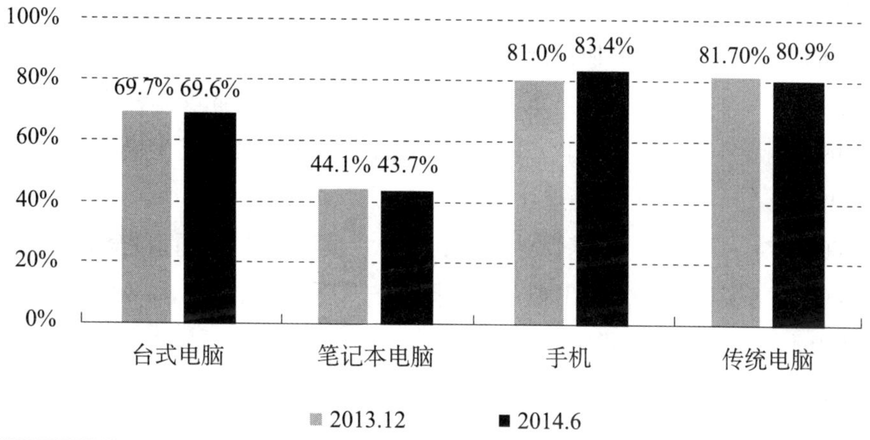

来源：CNNIC 中国互联网络发展状况统计调查　　2014.6

图 1–23　网民上网设备变化图

互联网用户对网络使用的移动终端化，促使即时通信用户规模的快速扩大。2014 年，微博、社交网站及论坛等互联网应用使用率均下降，而类似即时通信等以社交为基础的应用平台发展稳定。移动即时通信发展迅速的原因，一方面是由于即时通信与手机通信的契合度较大，另一方面是由于在社交关系的基础之上，增加了信息分享、交流沟通，甚至支付、金融等应用，极大限度地提升了用户黏性。

三、使用碎片化

在这个信息爆炸的时代，新兴事物已经打破了我们原有的生活方式，碎片化无处不在。所谓“碎片化”，原意为完整的东西破成诸多零块。比如在等公交、吃饭、坐车等零

① 数据来源：中国互联网络信息中心第 34 次《中国互联网络发展状况统计报告》。

碎时间，人们更加倾向于上移动互联网、发微博或者玩一玩小游戏，来应对这些零碎的时间。信息碎片化的结果是，信息的总量在增加，但对我们有价值的信息却越来越少。不论是碎片化的时间，还是碎片化的信息，都造就了移动互联网的蓬勃发展。

要点小结

1. 互联网发展的三个阶段：

（1）由单一的阿帕网向互联网的发展；

（2）建立三级结构的互联网；

（3）逐渐形成多层次 ISP 结构的互联网。

2. 互联网发展标志性事件：

（1）1983 年 1 月，TCP/IP 协议诞生；

（2）1991 年，蒂姆·伯纳斯－李（Tim Berners-Lee）编写超文本语言，万维网诞生；

（3）1994 年 4 月 20 日，中国实现与互联网的全功能连接，成为接入国际互联网的第七十七个国家；

（4）2001 年 1 月 15 日，维基百科正式上线，它被称为“网络百科全书”；

（5）2009 年 8 月，新浪微博出现并被中国用户广泛使用。

3. 个人互联网应用主要类型：

（1）交流沟通类；

（2）信息获取类；

（3）商务交易类；

（4）网络娱乐类。

思考与探讨题

1. 推动互联网发展的主要因素是什么？

2. 目前世界互联网发展现状怎样？对新时代发展提出怎样的要求？

3. 我国应该从哪些方面对互联网加以利用？

4. 互联网为人类社会带来了哪些影响？

5. 互联网用户有哪些群体性特征？

延伸阅读

1. 勒庞 . 乌合之众：大众心理研究［M］. 北京：译林出版社，2014.

2. 腾讯科技中心 . 分水岭：看清中国科技和互联网未来五年的趋势［M］. 北京：机械工业出版社，2017.

3. 谢希仁 . 计算机网络［M］. 北京：电子工业出版社，2008.

4. 伊斯利，克莱因伯格 . 网络、群体与市场：揭示高度互联世界的行为原理与效应机制［M］. 北京：清华大学出版社，2011.

第二章　网民的在线行为

本章要点

1. 网民的界定
2. 网民的结构特征与群体特征
3. 网民在虚拟社会中的人际关系

据中国互联网络信息中心（CNNIC）发布的第36次全国互联网发展统计报告显示，截至2015年6月，中国网民[①]规模达6.68亿，半年新增网民共计1 894万人，互联网普及率为48.8%。据联合国人口司发布的《世界人口前景：2015年修订本》一书的数据统计显示，截至2014年年底，中国内地总人口达13.678亿人（不包括中国香港、中国澳门和中国台湾地区），比2013年年底增加710万人。由此基本可以估算目前我国大陆网民占大陆总人口的比例。自20世纪90年代末，我国使用互联网的第一次高潮爆发至今，这个比重一直呈上升趋势。中国网民规模的不断扩大，一方面体现了我国互联网发展水平不断提高，另一方面体现了互联网对当代中国内地居民的影响深刻。这是各个学科围绕互联网开展研究的基础，随着国家出台的“互联网+”[②]计划的逐步实施，互联网将进一步渗透到民众日常生活中，对其物质、文化、政治生活带来实质性影响。

现阶段，对网民特征的研究不仅是我国互联网传播相关研究的应有之义，更是透视我国现实社会发展情况的重要理论视角。本章以我国网民现阶段使用互联网的行为为切入点，借助媒介实践分析网民的结构特征与群体行为特征，以此体现互联网对我国社会文化、政治民主化、经济新常态等方面的影响。

第一节　网民主体界定

“网民”一词最早是由美国互联网史研究专家迈克尔·霍本在 *Netizens：On the History and Impact of Usenet and the Internet* 一书中提出的，他指出网民是关注网络社会发展，以个体或群体行为推动网络良性建构的网络使用者。[③]这一定义是西方界定“网民”的代表性概念，即将网民视为“互联网公民”，鼓励普通民众借助互联网技术分享知识资源，进行自我激励，推动政治民主，扩大社会资本等行为。我国学界关于“网民”的概念界定基于广义的网络使用者，即通过计算机、移动终端等连接互联网并进行网络活动的人。在此基础上，学者根据各自的研究领域具体定义，如南京大学博士巢乃鹏在其著作《网络受众心理行为研究》一书中，即是根据“信息查询”这一主题划定网民范围的。而学者匡文波则从传播学的角度定义网民角色，认为“网民是指拥有信息传播者和接收者双重身份的上网者，除通过浏览等方式接受信息外，上网者还经常通过BBS论坛、电子邮件、网上聊

---

① CNNIC发布的报告中将“网民”定义为：过去半年内使用过互联网的6周岁及以上中国居民。数据调查范围为中国内地地区，均不包括中国香港、中国澳门和中国台湾地区。因此，该报告中的网民规模数据与中国内地人口调查统计数据的总体一致，可以进行比重核算。如无特别说明，本书提到的网民概念即指中国内地网民。

② 国内“互联网+”理念的提出，最早可以追溯到2012年11月于扬在易观第五届移动互联网博览会的发言。2015年3月5日上午在十二届全国人大三次会议上，李克强总理在政府工作报告中首次提出“互联网+”行动计划。李克强总理称该计划旨在推动移动互联网、云计算、大数据、物联网等与现代制造业结合，促进电子商务、工业互联网和互联网金融健康发展，引导互联网企业拓展国际市场。

③ MICHAEL F. Preface：What is a Netizen [M]// Netizens：On the History and Impact of Usenet and the Internet. Los Alamitos：Wiley-IEEE Computer Society Pr，1997：2.

天等方式发布和传播信息”。[①]学者郭玉锦则从社会学角度，将网民划定为一个群体，认为“网民是一种具有社区性质的新兴社群，在社区中他们应该被认同，即他们应该被所参与的社区正常接受并通过正常渠道获得具有合法效力的账户名及电子地址”。[②]另有学者着眼近年来的媒介事件，认为“网民是指那些积极参与和建构网络的信息者，是在合法的基础上自觉自愿地视其网络活动是重要的社会活动或生活内容的网络‘居民’”。[③]

网民作为媒介使用者的研究通常被纳入传播学的受众研究领域。“受众”（audience）一词反映了受众研究的核心命题——“媒介—受众”的关系。从“大众”“观众”“受众”到“主动 / 积极的受众”，再到“用户”，“audience”一词所代指的主体的称谓变化在一定程度上反映了媒介环境的变化及新媒体与新媒体使用者之间互动关系的变化，也反映了相关理论从以效果研究为中心转向对人们日常生活的媒介使用与接收情况的研究。当代关于受众名称的变化，实际是基于个体与群体对信息传播技术（ICT）的使用情况进行的划分，本质上还是对于人的媒介行为的关切。受众研究不再是一个抽象且宽泛的学术问题，也不仅仅通过收视率或点击率调查就能解读变化。受众其实就是活在媒介文化中的真实个体，“在日常生活中保持对受众的亲切体验与理性分析，这也许是受众研究最好的归宿”。[④]随着媒介融合进程不断演进，传统媒体也纷纷入驻新媒体领域，尝试培养线上媒介内容的使用者群体，增加与用户间的互动。网民所接触的信息更加复杂，网民行为不断变化，迭代周期越来越短。

不同于受众研究关注媒介与其使用者之间的关系变化，网民突破了传统意义上的“传受关系”和媒介消费理论中的产业化取向，其外延更丰富，也更加强调“民”之于“国”的社会意义。因此，本文以网民的媒介实践为基础，由网民的媒介行为切入，分析当下网民的主体特征以及网民群体的整体特征。即考察网络使用者以 ICT[⑤] 为中介展开的各类媒介实践，由此提炼出当代中国内地网民的特征。

第二节　网民的结构特征

根据上文对网民的定义，网民即使用信息传播技术展开媒介实践并对日常生活产生影响的网络用户，下文将不仅梳理出现阶段我国网民的结构特征，还将进一步划分网民群体，以此展现其多元属性。

自 2008 年起，我国网民与公众在人口统计学意义上的差异性和阶段特征已得到学界广泛关注。对此，得到普遍认同的观点是，中国网民规模不断增加，增速持续放缓，互联网普

---

① 匡文波．网民分析［M］．北京：北京大学出版社，2003：1.

② 郭玉锦，王欢．网络社会学［M］北京：中国人民大学出版社，2010：7.

③ 雷跃捷，辛欣．网络传播概论［M］．北京：中国传媒大学出版社，2010：174.

④ 迪金森．受众研究读本［M］．单波，译．北京：华夏出版社，2006：导言 21.

⑤ ICT 即“信息通信技术”（Information Communication Technology）的英文缩写，是电信服务、信息服务、信息技术服务及应用的有机结合。也被译作“信息传播技术”。

及率和使用率存在城乡差异、地域差异，但是随着我国经济的发展及网络覆盖成本的不断降低，这些差异均呈不断缩小的趋势。网民结构受上网行为影响，始终处于动态发展状态，具体而言：

（1）青年网民长期占据主体地位。结合历年 CNNIC 发布的中国互联网发展状况统计报告显示，2006 年年底，中国网民中 18—24 岁的年轻人比例最高，占比为 35.2%；2008 年年底，10—19 岁网民占比为 35.6%；从 2010 年起，10—19 岁网民占比低于 20—29 岁，且呈现下降趋势。截至 2015 年 6 月，20—29 岁年龄段网民仍占比最高，为 31.4%，而 10—19 岁网民占比为 23.8%，相较往年浮动不大。

（2）中国网民持续向低学历扩散。截至 2015 年 6 月，初中、高中、中专、技校网民占比最高，为 67%，而大学本科及以上所占比例较小，仅为 11.8%。

（3）网民中学生群体占比最高，其次为个体户、自由职业者，这与近年来我国电子商务的发展密切相关，互联网红利逐渐显现为互联网商业的精准用户定位。

“十二五”期间，我国移动互联网飞速发展，中国互联网络发展迈入“第三波浪潮”。移动宽带（3G/4G）用户累计达到 6.74 亿户，公共及家庭 Wi-Fi 无线网络环境日益普及，WLAN 公共运营接入点（AP）总数达到 604.5 万个。手机超过电脑成为中国网民第一大上网终端，手机网民规模达 5.94 亿，同比增长 86.8%，使用手机上网比率相比电脑多 20.5%。截至 2015 年 6 月，使用手机接入互联网的网民占比高达 88.9%。手机应用软件（APP）呈爆发式增长，主要应用商店规模超过 400 万个，更多网民选择在手机端使用新闻、搜索、社交、消费、订票、娱乐等应用。移动互联网接入及使用情况成为现阶段分析我国个体网民行为特征的重要坐标之一。具体表现在：

（1）网民的上网时长逐年增加。截至 2015 年上半年，我国网民的人均周上网时长长达 25.6 小时（如图 2-1 所示）。

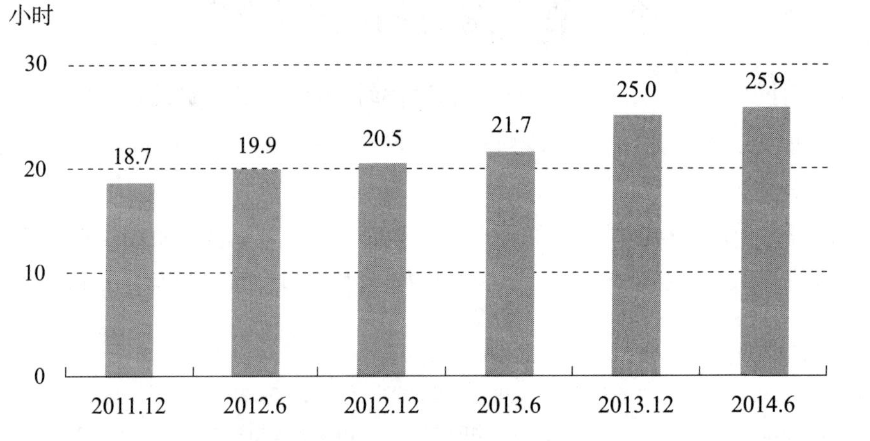

来源：CNNIC 中国互联网络发展状况统计调查　　2014.6

图 2-1　中国网民平均每周上网时长

（2）对电子邮件、BBS 等传统互联网应用使用率逐年降低（如表 2–1 所示）。

表 2–1 中国网民对各类网络应用的使用率

应用	2014 年 6 月		2013 年 12 月		半年增长率
	用户规模（万）	网民使用率	用户规模（万）	网民使用率	
即时通信	56 423	89.3%	53 215	86.2%	6.0%
搜索引擎	50 749	80.3%	48 966	79.3%	3.6%
网络新闻	50 316	79.6%	49 132	79.6%	2.4%
网络音乐	48 761	77.2%	45 312	73.4%	7.6%
博客 / 个人空间	44 430	70.3%	43 658	70.7%	1.8%
网络视频	43 877	69.4%	42 820	69.3%	2.5%
网络游戏	36 811	58.2%	33 803	54.7%	8.9%
网络购物	33 151	52.5%	30 189	48.9%	9.8%
网上支付	29 227	46.2%	26 020	42.1%	12.3%
网络文学	28 939	45.8%	27 441	44.4%	5.5%
微博	27 535	43.6%	28 078	45.5%	-1.9%
网上银行	27 188	43.0%	25 006	40.5%	8.7%
电子邮件	26 867	42.5%	25 921	42.0%	3.6%
社交网站	25 722	40.7%	27 769	45.0%	-7.4%
旅行预订	18 960	30.0%	18 077	29.3%	4.9%
团购	14 827	23.5%	14 067	22.8%	5.4%
论坛 /BBS	12 407	19.6%	12 046	19.5%	3.0%
互联网理财	6 383	10.1%	—	—	—

（3）网民在使用搜索与即时通信等网络服务时，除信息获取和维持熟人关系外，还有较强的社交需求。同时我国的网络搜索服务进一步深化，搜索的输入模式更加多元，增设了语音、图片输入，还出现了各类触控式硬件设备，如百度与清华大学合作展开的可触摸点阵式屏幕和语音交互技术。网络搜索越来越成为连接用户与服务的桥梁，搜索引擎通过大数据和云计算技术，能更加准确的定位用户需求，网民的日常搜索也是资源贡献“喜好”数据的过程。

（4）在地性与社交属性的新闻类应用将逐渐影响传统媒体的议程设置和网民消费新闻资讯的习惯。网络新闻作为信息获取类的重要应用，其使用率仅次于即时通信类应用。“新闻入口多样化，内容推荐精准化”是当前网络新闻的主要特点。“今日头条”“澎湃”这类新闻客户端极大地分流了网民的注意力。如 2014 年 9 月 10 日，腾讯发布的一篇财经稿件《8 月 CPI 同比上涨 2.0% 创 12 个月新高》，引发全行业广泛关注，这篇文章来源于

Dreamwriter，即腾讯财经开发的自动化新闻写作机器人，根据算法在第一时间自动生成稿件，瞬时输出分析和研判，一分钟内将重要资讯和解读送达用户。“机器人新闻”可能成为未来网民消费信息的一个新类型。

（5）手机应用逐渐成为接触网络的核心渠道。网民使用移动商务类手机应用及金融类应用完成购物与支付，逐渐接受“线上支付，线下服务”的模式。我国“互联网 +”的政策旨在通过互联网带动传统产业发展，传统零售、物流快递、交通、生产制造等其他行业升级转型，不断发展的互联网商业为网民带来了极大的生活便利，闲置资源的使用促使网民发挥创新性思维。

（6）网民对娱乐类网络应用的需求渐趋稳定，网络文学、网络视频及网络游戏是网民满足个体娱乐需求的普遍选择。其中，网络游戏仍占网民娱乐方式的主体。截至 2015 年 6 月，网民中网络游戏用户规模达 3.80 亿人，较 2014 年年底增长了 1 436 万人，占整体网民的 56.9%；其中，手机网络游戏用户规模为 2.67 亿人，较 2014 年年底增长了 1 876 万人，占手机网民的 45%。

网民的结构特征进而影响了网民作为一个整体的媒介使用行为。总体来看，网民越来越倾向于使用网络满足服务性需求，网民的文化生活及群体行为模式也因之更加多元。网民对网络的依赖性越来越强，恰印证了麦克卢汉的说法，互联网成为延伸“人的整体”的媒介。网络虚拟空间中的一切，不仅仅在人的部分感官知觉范围内发生作用，而且是逐步深入人的整体社会生活。今天，我们越来越难以划分网络空间与现实空间的界限，相应的网民自我也越来越与非网民的日常相联系。尤其当微信这类集社交与传播媒介为一体的网络应用出现后，非网民的生活也被卷入网络社会中，而网民的活跃度则阐释网民多重主体身份的特征，这正是认同的力量主导下的网民生活。

我们据此可以想象当代网民的日常生活，在传统的纸质媒体、广播、电视持续发展的前提下，形式多样的新媒体不断衍生。个体网民基于自身的网络生活经验，选择不同形态、类型及风格的媒介，自主构建“信息套餐”，从中获知本地新闻、国际时事、他人（被自己关注者）动态，满足资讯及知识诉求，并通过享受娱乐时光寻求情感认同及个性表达。在网络社会中，信息对网民需求的满足与传统媒体有很大的相似性，但当代网民消费信息的方式相较以往已经有了颠覆式的变革，且这种变革还在迅速演化。网民不仅可以打破地域与时间限制，跨媒介、跨平台地在不同终端上消费内容，更重要的是他 / 她可以通过生产内容（如发布状态、建立网站、书写博客等一系列围绕图文、影像等的内容生产活动），与其他网民甚至媒介机构产生联系，网民的时间和注意力越来越多地被分配给其他网民。

从这个层面来看，网民这一概念或身份从诞生之日起，就不是一个个体化的象征。以“网络搜索行为”为例，即使仅限于搜索和浏览的网民，其行为本身也处在一种积极的网络接入状态，并总在一定程度上检索着其他网民“推送”的信息。进入网络 3.0 时代，基于分享、利益、兴趣或专业等多条线索的网民将进入与他人的全面联系中。网民的个体行为包含在隐匿或公开的群体行为之中，而这正是当代网民与前代网民网络存在方式的根本差异。下文将分析网民群体进一步超越大众传播时代的“信息套餐模式”，建立群体身份认同并进行自主传播的过程，进而得出网民群体行为特征。

第三节　网民群体特征分析

自网络出现以后，接触网络、进入网络世界的用户不仅是在享受新媒介技术的便利，更深刻经历着一次社会关系的调整，网民自身的社会角色定位都因此而重新调整和呈现。这个过程可归因于正处于社会转型期的中国社会成员自身必须面对的社会调试问题，互联网恰为我们提供了转型期内社会成员自我转型的丰富案例。研究网民的特征，是研究网络社会群体的特征，也是研究当下信息网络与社会网络高度融合的结果。网民作为用户（即互联网使用者），上网就意味着进入一个全球化的、虚拟与现实相结合的网络群体，随时与全球互联网用户共享信息与技术服务。网络社会与现实社会的不同之处在于一切存在均以数字化的信息形式呈现，社会的个体不再是法兰克福学派批判的“单向度的人”[①]，不再只是工业化生产机器上的一个零件，而可以说是“全息化”接触世界的个体。

美国社会学家伊恩·罗伯逊曾提到“群体是以彼此行为的共同要求为基础，并以一种有规则的方式相互发生作用的人们所组成的集体”。[②]社会学视角的群体概念并不能完全概括网民群体的内涵，如果将之视为一个社会群体类型，网民则是网络社会中以数字化个体形式存在，基于共同兴趣或利益，为寻求身份认同、增加社会资本而产生互动的集体。与现实社会身份不同，网民的虚拟身份使其群体特征表现得更具针对性，也相应更难建立统一的行为规范。在网络社会的整体构成上，网民是最大的网络社会群体，他们在寻求认同感的基础上形成了一个整体。而在这个整体的网络社会群体之下，又存在着无数的网络社会的小群体。

网络群体的行动是一种社会互动行为，到目前为止，几乎所有网络功能的开发都是为了提高人与人之间的交流效率，丰富交流形式，推进信息流通，打破信息壁垒。从用百度、谷歌搜索信息到使用电子邮件发送信息，BBS 跟帖，网络视频收看及发送弹幕，再到微信、微博互动乃至线上交易行为的完成，网民根据个人需求寻找网络信息，进而与他人产生联系，依据其他网民的网络行为和网络叙事判别身份特征，继而完成自我选择。这是当代网民的日常行为轨迹，也在某种程度上体现了网民依据超链接的引导完成“结盟”的过程，由此形成了网民在网络社会中作为集体的统称。只有当他们作为集体去行动时，网

① 所谓“单向度的人”是法兰克福学派代表性人物赫伯特·马尔库塞提出的，现今已经成为一个文化研究术语，指那种对社会没有批判精神，一味认同现实的人。这样的人不会去追求更高的生活，甚至没有能力去想象更好的生活。

② 罗伯逊.现代西方社会学［M］.郑州：河南人民出版社，1988：213.

民的媒介使用特征才具有社会影响力。

个体网民的网络使用行为也不间断地与其他网民发生联系，甚至非网民群体也正被卷入这种联系。个体看似时聚时散的“独处”总是交织在“与他人共处”之间，个体不再满足于独处的自由，又不可能再融入到关系紧密的集体之中。这样的个体总是以某种与集体、社群保持距离的“沉默”或“不在”状态生存，只有这样的状态才能保证其与当代频繁流变的社群建立联系。

一、网民的需求特征

需求构成了网络使用行为的动机，网民的需求特征具体如下：

（一）全面认知社会的需求凸显

近年来，我国社会化媒体发展迅速，对正处于转型期的社会监控力度加大，公众越来越感受到社会变革的步伐，“在这样的社会环境中，公众要求更全面地了解生存环境的变化，了解看似孤立的新闻事件与自身利益的关系及对自身命运的影响”。中国网民认知社会的需求不仅体现在对新闻事件的关注，还体现在对知情权的捍卫，尤其是面对重大突发事件，如灾难事件，网民在希望迅速获知信息的同时也进行着不同程度的参与式报道。在低门槛的网络传播环境中，网民对媒体信息的要求提高了很多，媒体报道的优质和迅速才是防止谣言滋生的重要手段。2014 年 12 月 31 日，上海外滩跨年夜发生踩踏事件，造成 36 人死亡，49 人受伤。事发之后，网络信息流量空前巨大。2015 年 1 月 21 日，上海市公布“12.31”外滩拥挤踩踏事件调查报告，认定这是一起对群体性活动预防准备不足、现场管理不力、应对处置不当而引发的拥挤踩踏并造成重大伤亡的公共安全责任事件。网民的持续关注和问责，促使黄浦区政府和相关部门从不回应到承担责任。

而 2015 年 8 月 12 日晚 23：30 左右，天津滨海新区第五大街与跃进路交叉口的一处集装箱码头发生爆炸。中国地震台网测报，与其相邻的河北河间、肃宁等地均有震感，事故造成 85 人死亡，400 余人受伤。东方之星旅游客船倾覆事件、哈尔滨大火事件均引发了全民性的关注，新闻的真实性、客观性及新闻价值均引发网民热切关注并推动问题解决。

再如 2015 年 2 月 5 日，新加坡开国之父，时年 91 岁的李光耀因重度肺疾入院医治。此后，李光耀的病情一直是世界舆论关注的焦点，我国网民自发成立论坛跟进相关新闻的发布情况。3 月 18 日晚，一张伪造的“新加坡总理公署截图”在网上迅速传播，其中，以官方名义声称李光耀已经逝世，一时被各大媒体争相引用和报道，各大网络门户相继沦陷，凤凰官网更是错把李光耀的名字写成李显龙，贻笑大方。网络塑造出全球化信息环境，将包括我国网民在内的世界网民置于同一个不见边界的空间，而这个空间中信息真假参半，良莠不齐。在网民的跟风现象和求真动机并行的当下，网民对社会的认知依然受到权力和信息管制的阻隔，仅能呈现局部的全面。

如 2015 年 10 月 4 日，有网友爆出在青岛市乐陵路“善德活海鲜烧烤家常菜”吃饭时遇到宰客事件。该网友称点菜时已经向老板确认过“海捕大虾”是 38 元一份，结账时却变成 38 元一只，一盘虾要价 1 500 元。“青岛天价虾”事件在各个社交媒体平台上迅速扩散，不仅影响了网民对现实物价的认知，还引发了网民对旅游经济合理性的讨论。

（二）寻求自由表达，体现边缘需求

中国社会高速发展进程中累积了多重矛盾和压力，现实空间的限制推动网民走向网络空间。

其一，网民以匿名的形式建构个人身份，表达对社会事务的关注，参与问题的讨论过程，形成网络舆论；

其二，网民以互动的方式寻求集体表达和心理安全感，壮大超越个体的力量，无论是围观还是发声都以集体行动马首是瞻；

其三，网民将网络作为社会行动的组织和动员通道，不仅表达意见，更诉诸实际的社会行动，以此彰显主体态度，达到集体维权、变向施压等目的；

其四，网络空间的存在使得另类、边缘群体得以共生，在匿名环境中的网民，常常能突破主流信息的围困，以“寻找同类”“秀奇葩”等举动得到心理的补偿性满足。

如前两年我国著名社会学家、性学家李银河的观点多次引发网友热议，以往关于“性”的相关话题讨论少见学术意味，有网民一边感叹“三观尽毁”，一边大呼“世风日下”，而更多的网民开始回归理性思考，重新定义自我，并指出言论自由和性取向包容的问题，这是我国现阶段网民素质不断提高的表现。而学者、专家作为网民的一部分，近年来也很注意自身的发声方式和与其他网民群体的互动方式。

二、网民的行为特征

美国学者霍华德·瑞恩高德在其著作《虚拟社群：开垦电子家园》[①] 一书中提出虚拟社区的概念，并将之定义为“主要借助计算机网络彼此沟通的群体，成员彼此有某种程度的共识，分享知识和信息……是一种社会群体，是由足够的忍、情感与人际关系在网络虚拟空间上长期互动、交流与沟通而产生的社会聚合体”。这正是网络社群的原型，基于一定的社会诉求而汇聚到一起的网民通常是某个或某几个网络社群的成员。随着网民参与水平的提高和网络空间的进一步开放，网民参与社会事务的素养相应提高。但目前，我国网民在实际行动中也表现出许多非理性的行为，由此带来“群体智慧”与“群体极化”的争议。

---

① RHEINGOLD.The Virtual Community：Homesteading on the Electronic Frontier[M].New York：Harper Perennial，1993.

同时，网民行为依托一定技术条件通过现实实践来达成。学者斯特恩[①]曾指出，“实践是人们在例行基础上所做的事，也就是说，实践并非涉及推论能力，而是我们置身于某种生活方式中，使我们天天遵循的规则。我们不是从心理层面（如社会认知）来解释实践，而是后面有很多实践在支持我们的实践，这些实践往往是我们浑然不觉、自然反应的行为，这就是我们置身的生活方式的释然”。对应到网民行动，网民日常行为也通常呈现出某种浑然不觉、自然反应的状态。只有当网民个体汇入群体中时，网民行为的共通性或类同性才会经由主体间的相互依赖而显现出来。可以说，网民行为本身是集合众多网民的习惯而成，这其中也包含着个体的创造力和想象空间。

（一）“恶搞”“解构”产生网络轰动效应

解构主义日渐成为当代网民的身份象征和精神象征，反传统、反理性、反中心的行为体现了人们挑战传统和主流价值观的意愿，这种意愿进一步表现为网民对主流文化的反叛。但同时网民的解构行为又表现出自我矛盾性，人们在解构权威和中心的同时，似乎又希望得到某种权威或中心的认可。当颇具仪式感的解构充斥网络空间时，一种长期积淀的“集体无意识”会反作用于网民的价值观和现实选择。这也是最为网民和大众熟悉的网络文化，几乎每日都在上演，网民的可接触度和反馈度也最高。

如各种恶搞明星的明星表情包，间接表明网民对娱乐明星的态度。像《舌尖上的宿舍》这类解构热播纪录片《舌尖上的中国》视频则体现了网民对官方话语和信息有效度的质疑。荒诞之下不乏直白，恶搞之中也有思考。

（二）网络暴力行为频发

《中国青年报》社会调查中心与腾讯网新闻中心在2006年9月联合开展的一项在线调查显示网民对于“网络暴民”特征的认识。“主观上有恶意制裁别人的倾向”“出口成‘脏’”“不经当事人允许就擅自公开其隐私”“威胁当事人的人身安全”成为网民所认同的“网络暴民”的特征。

由此可见，网民对于言语和行动暴力均有所感，近年来频发的网络暴力既不单单是网民素质问题也不是网民对道德的惯性依赖问题，而是一个更复杂和综合的社会问题。不仅仅体现出社会个体面对的现实压力，也体现出网民社会参与的不成熟以及网络社会秩序的缺失。其负面影响常常是毁灭性的、具有集体效应的。

2015年7月22日，爱国青年侯聚森被群殴，这一事件是由网上的“五毛”与“美分”的“口水大战”开始，最终发展成线下袭击。多名不明身份人士用甩棍、辣椒喷雾等器具殴打侯聚森，致其受伤。事发之后，共青团和山东共青团等纷纷发微博予以关注。7月23日，经警方连夜调查，爱国青年被群殴案件取得重大进展，确定了四名涉案人员。类似的

---

① STERN D. The Practical Turn [M] .Malden MA：Blackwell，2003.

事件为数众多，后果往往越演越烈，难以控制。

2015 年，“马甲线女神”袁珊珊受邀登上全球最大演讲平台 TED，分享自己的励志经历和切身感悟。从被全民黑到马甲线女神，袁珊珊在骂声中首度回应网络暴力，与公众一起探讨“网络暴力”的危害性。在整个演讲过程中，袁珊珊不卑不亢，态度平和又自信，金句频出，引得观众爆发七次掌声。视频出来后，关于网络暴力的讨论也掀起一阵热浪。同时网信办发布的微信十条、约谈十条并关闭众多造谣微信公众号和微博账号，都与网络暴力频发带来的不良社会影响和对网民个体的伤害有关。

（三）群体极化与群体智慧均有体现，网民选择更难预测

法国社会学家勒庞在《乌合之众》一书中深刻批判了从众心理、狂热偏执、丧失理性与个性的群体行为。而当代的批评者则将矛头指向人群的过度分隔以及刻意的个性化，大众以分众的形式形成网络社群，只关注群体内的个性需求而降低与公众的联系，因对信息膨胀的恐惧退缩进信息孤岛，最终形成“极化”现象。“群体极化”是美国芝加哥大学法学教授卡斯·桑斯坦在其著作《网络共和国》中提出的假设：团体成员最初就存在某些偏向，并因其偏向性而组成团体，在讨论后，因缺乏对立意见和争论，人们更强化了原有的偏向，甚至形成极端的观点。而且互联网站倾向于搜集同类信息，链接立场相近的其他网站，这将导致信息“窄化”。人们通过互联网以匿名的方式成为团体成员，使团体的观点更容易变得极端。这一假设的确有许多案例，不妨以心理学视角探查网民心理，当网民能轻易找到跟自己意见相似的人时，是否会产生自己的观点是“舆论主流”这样的看法？网民在多大程度上认同正确的大多数的观点？

群体极化也许是学界对网民实践的一种预测性的忧虑，而“群体智慧”则显得更得人心，尤其是 Web2.0 时代向 Web3.0 时代转化的当代，人们更倾向于认为自己的网络使用行为是出于理性的自发性举动。这似乎也符合“群体智慧”提出者—法国理论家皮埃尔·列维的主张，即群体智慧创造了新的知识空间，能催生更广泛的决策参与方式、新的公民与社区模式以及信息的互惠交换。早在 1994 年就提出的群体智慧借助现代网络技术得到了充分诠释，在当代已经有学者将群体智慧视为媒介融合的重要动因，如蜚声中外的学者亨利·詹金斯[①]教授在《融合文化》一书中所言：融合发生在消费者个人的大脑及与其他消费者的社会互动之中。我们每个人用以建构个人神话的那些比特和片段，均采撷于媒体资讯的洪流，并被转化为我们赖以理解日常生活的资源……消费已成为集体过程，那就是本书所谓的“群体智慧”……我们无人能知天下事，我们人人可知某些事，我们可将这些片段结合起来。如果汇集我们的资源与技巧。群体智慧可被看作一种媒介权利的另类来源。我们正在融合文化的日常互动里学习如何运用这种权利。现在，我们更多地将这种群体智

① 亨利·詹金斯，麻省理工学院比较媒介研究中心（MIT CMS）主任，麻省理工学院高度重视群体智慧研究。2006 年，麻省理工学院专门设立“群体智慧研究中心”，汇集各学科知名学者，致力于研究新传播科技对人们生活方式的改变。

慧用于休闲娱乐，但很快我们将会把这类技能用于更为“严肃”的目的。

反观网民行为，人群集聚的原因多出于共同利益诉求，无论哪种性质的社群几乎均出于自主选择，而其结果则是人与人互动的复杂过程的产物。更重要的是，群体智慧与群体极化并非网络社会所特有的，而是始终存在于人类社会行动之中。笔者认同美国作家詹姆斯·索罗维奇在其《群体智慧》一书中的观点，他认为，并非所有人群都是“智慧”或“不智”的，是否能成功产生群体智慧，做出正确的判断和决策，既取决于决策环境，也取决于人群本身的特点。

三、网民的思维方式和价值取向

网民所接触的网络有两层含义：第一，互联网信息技术，这是构成网民身份的技术条件和物质基础；第二，依托互联网信息技术形成的关系网，网民通过使用网络与其他网民互动或主动选择网络社群，形成一种有别于传统社会人际关系网络的集群。通过所关注的事物以及话题讨论或参与网络社会行动，个体的主体性不断彰显，个体与群体的关系也得以确认。由此，我们可以将网民作为整体，通过其网络使用行为分析其思维方式和价值取向，进而了解当前我国网络社会的面貌。

（一）网民具有道德矛盾性

网民的道德性体现在网络公共话语空间与私人网络空间领域。在网络公共空间，网民常为寻求道德支持而选择“保守表达”，即网民常乐于站在道德批判的立场谴责违背社会道德的行为，对具体事件的关注止于对道德的评判。学者张颐武曾指出，“对于社会道德问题的高度警觉和敏感超过了我们对于具体问题认知的愿望及应对的能力。这种道德化的倾向对于揭露明显的社会丑恶、批判社会的不良问题是非常有效的，也有积极的贡献。但它的限度和问题其实也暴露得相当明显。它使复杂的社会问题变成了一种简单的善恶是非的道德对立。当代社会其实有大量问题的认识和判断不能仅仅从道德问题出发”。[①] 与此相对，网民在私人网络空间却体现出空前的“开放性”，例如，关于性丑闻的新闻随处可见，在网络中也得到了广泛传播，成为网民津津乐道的议题，“高官”“小三”等字眼一出现就立刻引发高度关注。网民普遍拥有“小号”，却很难在熟人圈或公共话语空间内展现自己对于某些禁忌话题的关注。这一方面体现了传统文化对个人道德感的规约，另一方面也体现了国民在社会现代化进程中的复杂心理状态，当个人选择与传统价值观发生冲突时，网民的困惑集中在网络虚拟空间中爆发出来。

2015 年有两类社会事件引发网民热议。

第一类是高校风波。高校学术造假也是引发网民热评的话题。除此之外，高校师生关

① 张颐武 . 网络愤青患了道德焦虑症［EB/OL］.（2006-09-02）. http：//news.163.com/06/0902/08/2Q0I8KV4000120GU.html.

系、高校评议规则等也备受关注。如 2015 年 5 月 27 日，复旦大学 110 周年校庆发布新版官方宣传片 *To My Light*，被网友爆出抄袭慕尼黑工业大学，媒体也报道“复旦新版宣传片陷‘抄袭门’”，并被各大网站转载。继两版校庆宣传片及校庆宣传标示被指抄袭后，又有网友发现其校庆快闪歌曲也完全翻唱日本流行歌曲。网友们“找相同”的热情高涨。2015 年 5 月 31 日，复旦大学官方微博正式就此事道歉并承诺进行相关调查。媒体报道后，网友的质疑由指涉抄袭到质疑老校创新力不足。9 月 20 日，中国人民大学历史学院教授孙家洲发布公开信，申明要与新招硕士断绝师生关系，该学生随后做出回应。网民观点分持两方，期间舆论不断反转。再如，2015 年 3 月 27 日，英国大型学术医疗科学出版商现代生物出版集团撤销了 43 篇生物医学论文，其中 41 篇是中国作者，单位涉及上海交通大学、同济大学、中国医科大学等多家高校附属医院，还包括中国人民解放军空军总医院、成都军区总医院、济南军区总医院等多家部队所属机构。受 2015 年获得诺贝尔奖的屠呦呦一事的启发，网络言论倾向指责中国学术圈不作为，而对于事件背景及前因后果的挖掘不足，群体极化的现象很容易表现成简单的道德对立。

第二类是官员纪律问题。如江苏如皋市所属长西村副书记、村委会陈某的一段不雅视频被曝光，视频中该村官跟一名长发女子搂抱在一起，陈某手上金表、金戒指等闪闪发光，而长发女子多处身体部位裸露。网民在批判官员失德的同时会对号入座，将自己置于深受官僚主义迫害的身份。类似事件在网上发酵时间短，网民倾向性明显。同时我们应该注意到，网民的言论易受意见领袖引导，形成简单化道德评判态势。

（二）网络文化的叛逆性是网民整体性格的象征

网络文化对主流文化的反叛主要体现在两个方面：其一是网民自制的作品；其二是网民的意见表达。网民表达认同的方式相对易于衡量，点击量、评论量、转发量成为衡量网络作品的主要指标。在此，我们不探讨这一标准的合理性，单由结果反推，即可见网络文化对传统文化的反叛。从“一个馒头引发的血案”到当下天天发生的另类传播，都体现了网民借此吸引关注，渴望“被看”的心理。

学者 Abercrombie 与 Longhurst 提出的观 / 展范式强调媒介使用者身处“表演的社会”，因而，媒介使用者同时是观看者与表演者。学者 Appadurai 的经管理论指出，媒介使用者能从媒介景观中汲取想象力所需的资源，并在建构中获取身份认同。这正是当代网民深度依赖互联网的缘由。

网民对于“爱国”行为的回应具有典型意义。2015 年 1 月 8 日，赵雅芝在微博晒出一张自己行车路过长安街时从车内看到的北京天安门夜景图，同时留言“每次路过天安门都会深深感受到自己作为一个中国人的骄傲”。然而，令人始料未及的是，网民对这类语态的非议，“到大陆捞金请用正当方法”“先把国籍改成中国吧！”“路过天安门就骄傲，那北京出租车司机和公交车司机得骄傲成什么样”。再如2015年9月3日，纪念抗战胜利70周年阅兵礼顺利举行，不少文艺界人士如宋祖英、黄宏、成龙、冯小刚等前往现场观礼，也有部分守着电视看直播，明星在微博上发表激动心情。钟镇涛发文称看阅兵太激动，唱国歌激动得哽咽，而关之琳更发文称“祖国万岁”；台湾女星则在同天继续晒自己的双胞胎儿子，结果被网友指责不爱国。

（三）政治上具有激进性

学者曼纽尔·卡斯特在《网络社会的崛起》一书中精确地预言了网络社会对现代民族国家的冲击，他认为，尽管网络社会的全球性突破了传统的血缘、地缘和业缘关系，但人与人的交流仍然带有国族符码，表现在每一次跨地域、跨国界的交流中。具体到我国网民，则是网民的汇聚依然体现其国族观念，网民的政治诉求并不诉诸具体问题的解决，而重在个人政治立场的表达。现实世界中的“站队”现象进一步延伸到网络空间，形成复杂多元的社会思潮“网络版”，类似“民族主义”和“自由主义”的辩论、“新左派”和“新右派”的对抗，这体现了我国网民政治参与的积极性，也体现了网民在政治态度上的激进和一定程度上的极端化。在北大未名BBS读书版，网友曾集体讨论模仿创作著名的英文“政治指南针”测试建立了一个“中国政治坐标系”测试。测试是从政治、经济与社会观念“左右”的坐标来衡量当代中国人的政治坐标。这些坐标建立在中国政治价值体系基础之上，试图充分反映中国的特殊国情与政治文化。很多问题反映的并非严格意义上的西方政治语汇中的“左右”，而是中国现实语境中的“左右”。尽管这个测试不一定是一个科学的研究，但它的出现以及它的相关指标的设定，都是基于社会思潮分化的背景。研究者莫之许在分析这个测试所设定的指标体系时，也分析了这个体系中所反映的当前中国复杂的思想流派。[①] 警民冲突、强拆事件、暴力执法极易引发网民对所谓“政治阶层”的冲突性关注。如“庆安事件”，2015年5月2日，黑龙江省绥化市庆安县农民徐纯合带着母亲和三个未成年的孩子出行，在庆安火车站与警察发生冲突时，将自己的女儿扔向警察，并抢夺警械枪支，被警察击毙。事件发生后，事件双方各执一词，随着时间的发酵、查证与信息披露，引起了社会各界的广泛关注，并引发关于民警用枪的合理性争议。再如2015年9月14日，山东临沂市平邑县地方镇后东固村农民张纪民在家中被烧身亡，进过仔细调查，临沂市认为这是一起因基层干部法纪观念淡薄、作风简单粗暴、强制拆迁引发的群众生命财产受到严重侵害的恶劣事件。而2015年1月14日，陕西渭南城管暴力执法事件则踩中了警民冲突和农民工弱势群体两大网络“雷点”，陕西渭南高新区综合执法大队的数名执法人员驾驶一辆没有牌照的执法车辆，在执法过程中上演全武行，将农民工打成重伤。以上这些事件在网络空间中的舆论发酵具有明显的政治偏向性。

此外，中国网民在网络社会中还表现出“泛政治化”的取向，即一切社会问题在网络

① 莫之许．测试当代左右派［EB/OL］．（2008-03-04）．http://mozhixu.blog.163.com/blog/static/914067352008243551094/.

中都有可能演变成政治问题。例如，“宝马撞人”事件可以从一起交通事故变成一件政府官员以权谋私的丑闻事件。网民对政府公信力的质疑极易被点燃和放大。“很多不起眼的‘小事’经过互联网的聚合、催化和放大成了‘大事件’，并且总是和政府联系在一起。”[①]这种“泛政治化”现象与我国的政治传统有关，与政府信息不能充分公开有关，也与人们在网络空间之外缺少公共性的政治讨论渠道有关。

第四节 网民身处虚拟社会中的人际关系

学者何威在其著作《网众传播》中提出“关于人群的种种想象”，认为各种将人群概念化的方式都是一种建构和想象，从“大众”“受众”到“积极的受众”“分众”再到“用户”，也可用于解释网民身份的变化。从拥有网络接入条件的小众到现在网络普及率持续提高背景下的“大众”，从依靠台式电脑到笔记本电脑再到平板电脑、手机等移动终端接入网络，网民研究的重点也发生了相应变化。

我们同时应该注意到网民研究在受众研究中的特殊性，即它是集传受关系、媒介商业化、自组织、系统化为一体的社会群体，其实践越来越验证了景观社会也已形成的事实。早在 1996 年，学者 Hay 就提出“景观”（landscape），将受众研究引入空间研究领域。他指出，“景观概念不只强调身为受众占据的一个定点，还暗指一个实践场域，这个场域涵盖传播与受众，而且从中间部分构建他们”。[②]在此实践领域的受众只是部分地被构成，是因为“景观”概念是解构受众研究主流的研究，凸显景观的不稳定性、流动性，是持续的形成、跨越、组构，因而，以“景观”进行受众研究是不可能描绘出受众稳定、真实的全貌，这也是描述当代网民特征之难点所在。为尽可能弥合这种缺陷，需要给予受众媒介实践以更多的关注。对各式各样的网络媒介实践的分类，是发掘网民行动力、能动性和创造力的重要方法，也是发现新媒介如何嵌入社会、文化与生活结构，进而描绘网络社群、网民互动的重要路径。

据国际电信联盟（International Telecommunication Union）统计资料显示，2013 年全球移动电话注册用户约有 68 亿。截至 2014 年 12 月，我国手机网民规模达 5.94 亿，移动上网设备的普及率和移动上网人数的统计虽没有考虑到一人注册多个账号的情况，但这些数据至少显示手机在当今网民日常生活中的重要性。正如麦克卢汉在《理解媒介》一书的导言中开门见山指出的那样，“理解”有助于我们掌控，“什么事都看不见的人，什么事都很突然”。他同时提出，媒介对人们不只是信息传输工具，更会促成某些规模巨大的社会、文化变迁，这正是我们时刻关注网民特征变化的意义所在。而前述网民结构特征和群体特

① 叶娟 . 互联网对政府形象构建的影响及对策［J］. 网络传播，2008：4.

② HAY J，GROSSBERG L & WARTELLA E. The audience and its landscape［J］.Contemporary Socidogy，1997：359-377.

征均指向某种类似文化认同和互动仪式的诉求，其实际效果转而变为不同人际关系导致的行动差异。

鲍曼提出的“液态现代性”（liquid modernity）着重捕捉当代社会文化特性。对他而言，现代性是指社会发展至液态现代性的发展阶段，我们才真正进入一个流动、变动不居的社会文化状况。他曾以自由和安全之间的矛盾性，来说明流动社群“呼之即来，挥之即去”的属性。这恰恰能很好地解释被网络环境环绕的网民的真实生活，“要享受‘成为共同体的一分子’的特权，是要付出代价的，代价就是付出你的自由。失去共同体，意味着失去安全；而得到共同体，也就表示自由很快要离你而去了。安全和自由两者同等珍贵，且同样是人们渴求的价值，两者之间或多或少可以取得平衡，但他们几乎从来就无法和谐一致”。的确，网民间的关系是隔离又联结的，人类对于社群的需要是长久存在的。更具现代性或后现代性的是，这种群聚是以个体方式寻求的，且不再趋于稳定性。

克里斯·安德森通过研究印刷媒体时代的人际关系提出“想象的共同体”，意指想象力深入媒介生活，人们将其运用到各个实践层面，且这种想象力是集体资产，是由大众传媒集结而成的“感受社群”（community of sentiment）。而当代网络技术的高度发达使得这类社群的效力成倍增强，不仅在国家层面，更呈现跨地域、跨国、跨种族的全球特色。这日渐成为所有网络主题研究不可忽视的宏观“景观”。

下文以我国微信使用为案例，分析网民主体间性，以此透视“液态现代性”对网络社会现状的有力指导。

以微信[①]社交为例，2011 年 1 月 21 日，基于 iPhone 用户的“微信”试水，引入 KIK 技术的应用（一款绑定手机通讯录的即时通信软件），结合 QQ 用户群的精确定位，在短短 3 个月内就吸纳了 400 多万注册用户。之后随着其功能的不断完善和人性化的终端设计，时至 2013 年 8 月，微信国内注册用户远超过 4 亿，海外版注册用户也突破 1 亿。微信正式成为我国乃至亚洲地区用户群最庞大的移动即时通信软件，其影响力也远超同类的移动社交平台（如米聊、来往等）。纵观微信发展历程，其每一次的新功能发布都带来用户数量的显著增长。微信支持多媒体社交，包括语音、视频、图片；开发“朋友圈、语音提醒、通讯录安全助手、邮箱提醒、私信助手、漂流瓶、附近的人、摇一摇、群发助手、游戏助手”等一系列辅助功能。微信兼具社交和信息、娱乐等功能，也满足了用户多方面的线上生活需求。在国内多个手机应用（如音乐软件、图片处理软件）与微信分享关联后，这种跨越运营商和操作系统平台的媒介工具迅速融入用户的日常生活。缔元信网络数据机构在 2012 年发布的《社会化媒体用户分群及因素研究》报告中，对微信用户的特征（包括性别、年龄和使用习惯）做了较为详尽的调查，得出“微信普及率高”“女性成社交媒体重要推动力”“微信用户偏年轻”等相关结论。2015 年 5 月 13 日，腾讯发布了 2015 年微信用户数据报告。至 2015 年第一季度，微信每月活跃用户高达 5.49 亿，微信支付用户

① 当代移动社交以“微信”为主要形式，笔者以微信社交作为对网民关系的研究案例，具有一定的代表性。

约 4 亿。86.1% 的用户称使用微信后，增加了与朋友互动的频率，并通过微信公众号增加了新朋友。

现代年轻用户的忠实度和高频使用已经体现出这一媒介工具的社会化功能。追求技术进步带来的便捷性固然重要，但单纯以新技术猎奇解释其用户心理显然不具说服力。从用户通过微信进行互动，经营社交生活，形塑个体角色开始，它已然成为某种具有纽带性质的社区。传统对于社区的定义源于德国社会学家斐迪南・滕尼斯，强调血缘、邻里和朋友关系建立起的人群组合，人际关系依托于同地域高度相似的习惯、道德、宗教之上。而真正以“community”一词定义“社区”的是芝加哥学派的代表——美国社会学家 R・E. 帕克（Robert Ezra Park）。他强调社区不仅仅是“人的汇集，也是组织制度的汇集”，该定义是立足于都市生态学范畴之下的，考虑到微信用户的社会阶层和聚居区域，聚焦于现代都市媒介环境的讨论是可行的。而“虚拟社区”一词是由美国著名学者 Howard Rheingold 在其著作《虚拟社区》中介绍的，认为虚拟社区是一种社会集合体（Social aggregation），它的发生取决于虚拟空间上有足够的人、足够的情感、人际关系在网络上的长期发展，具有“表达的自由、缺乏集中的控制、多对多的传播、成员出于自愿的行为”四大特征。

相较而言，微信的社区化特征具有特殊性。与传统的社区定义不同，微信社群超越时空限制；与“虚拟社区”的原始定义也不同，微信社交也已与现实社交密切融合。

前述种种可在一定程度上说明，微信社交形态具有某种社群性质，影响着社区化群聚中集体式的心理变化，进而构成了某种超脱媒介限定的社会心理基础。另一方面，正是人类追求“新型集体生活”的群聚心理带来了微信社交的高速发展，基于这样的人际沟通需要，人们将真实社交生活与线上社交融合，陌生人社会的社交属性有所弱化，熟人社会借助这类媒介工具发展出新的维系形式。行为反应心理，而心理影响甚至主导行为。短时间内数量激增的微信用户以其个体身份和使用习惯诠释着对这一媒介平台规范的认同。

因而也可以说，受群聚心理的影响，用户产生对社交空间相对集中的需求，促使人们对微信这一半封闭形态的媒介工具的使用；微信用户间的互动及用户对同侪群体的号召，使用户逐渐产生对个体身份的认同和对群体身份的认知，而微信社交形态的发展和扩散，进一步强化了这种群聚意识的社会心理基础。

用户使用量的迅速增加是可量化的数据，各种微信功能的使用率体现的是碎片式的功利性表象，我们更需要关注的是这个数据显示的用户黏性所代表的直接诉求。正如德国社会学家 George Simmel 在其著作《社会学：关于社会交往形式的探讨》中提道：“社交性就其纯粹形式而言，并不具有更高的目的，没有内容，也没有外在于其自身的结果。”社交性的意义在于过程本身，从沟通（communication）与社区（community）在资源上的亲近性也可粗略地得到印证。人际沟通的重要性不止其内容性，沟通本身即受群聚的驱使，寻求共感共应，直至符合社区的意义。

微信上熟人圈的社交形态已经具有了社会属性，因而，在论证用户使用的心理基础时也应关涉“个人与社会”的关系。与现代化的许多媒介现象相同，微信使用情况内含经验现象的复杂性。移动客户端的媒介工具平台塑造出的是“似远还近，似近还远”的人际关系。

相较于微博“集体狂欢”式的表达，微信更能体现个人化，其社交归属不是寻求与陌生群体的联系而是维系现有的熟人社交。微信呈现的是半封闭的社交局面，一方面个人可选定社交圈，超越时空限制；另一方面又不可能代替面对面交流的方式。微信的社交信息的流失相对小，成本更低，也更高效，避免了无目的围观和盲从既定议程的可能性。

人际关系间的功利性渐入式微，形似初级关系的非功利色彩的人际网络也许更能解释用户对微信青睐的原因。“社区”一词的原意（即群体性与情感上的共感共应）在现代社会得以发展，从而对微信“社区”性质的界定有可依据的理论。因其社交属性所难以避免的集体性，自然就可关联社区概念，而其维系熟人关系的情感需求也是力图实现共感共应的表现。

用户对微信功能的开发和选择即可体现大众主体性与主体间性的微妙联系。加拿大网络分析学者 Barry Wellman 以其对多伦多社区居民人际关系的研究，提出“个人社区”的概念，主张当代都市居民以个人为核心，经由各种传播媒介连接的网络，构建人际关系。这一主张是很具有启发性的，尽管它未紧扣社群集体化的原始意涵，但却带来了现代社交格局的新视点。一个不使用朋友圈的人可能难以承认其社交群聚的心理，一个不习惯群聊的人也难以将其使用诉求界定为寻求群聚，公众号与微信好友一样随时都可添加，也能即刻被删除。它的不稳定性看似与用户可能受到的群聚心理的操控相悖，但正是这种随意性和去中心化的样态，反映了用户对社交自由和安全的主体性的选择。

要点小结

由现阶段我国网民特征，透视网络社会认同

网民是依附于具体的网络技术实现自我定位的，如同麦克卢汉在其媒介研究中所提出的，每一种媒介确实都有其技术特性，虽然其对于人类社会有所影响，但同时也是在与整个社会文化交互作用下才产生的结果。只有理解当代社会的流动性和转型期价值观激荡的文化环境，才更能理解网民行为和心理的多元化需求。现阶段中国网民所具有的行为、心理与价值取向特征，从本质上来说并不源于网络媒介的摧枯拉朽的变革力量，而是基于网民对社会现实的切身感受，其中隐含的是深刻的发展逻辑。网民只是借助网络的互动空间寻求认同，扩大影响。特定阶段的文化、社会、经济发展现状是当代网民特定主体行为和心理需求的本源。结合我国的媒介环境和网民使用社会化媒体的发展情况，当代信息传

递技术允许网民以多重身份隐身幕后，自由选择内容生产和发布的方式，在低门槛的网络生产环境中，网民的网络使用习惯逐渐汇集成一种社会生态。在这个生态中，网民越来越无需区分线上和线下生活，信息、交通、商业利益借助网络连接一部分人也排斥一部分人，网民虽能共享虚拟空间，但同样存在着主体间的数字鸿沟，网民与网民间存在政治、经济和文化等诸多与现实地位有关的不平等，网民与非网民间亦然。而当代网民与前一个网络时代网民不同的是，他们越来越不满足于旁观，而是以不同形式、在不同程度上为个体和群体命运积极呼告，认同成为意义的主要来源和内容，也是网民行为的重要动机。借此，网民个体或集体的行动与社会的变迁密切关联，网民积累社会资本、拓宽社会网络的积极性更高，而在网络空间中占据有利地位也成为网民获取权利的一种途径，并反射到现实社会。

对网民网络使用行为的分析也早已超出传播学乃至文化研究的范畴，而更多的引入社会学和心理学视角。学者斯图亚特·霍尔曾提出三种随时代变迁而发展的身份认同观点：第一，启蒙主体，即认为人是有中心、统一的个体；第二，社会学主体，自我是在与社会互动中形成的，因而主体是由社会建构而来；第三，后现代主体（post-modern subject），认为人并无固定、根本或永恒的身份，身份是由我们在文化系统中被再现或对待的方式不断地构建与再构建而来。[①] 刚好这三种主体与学术范式的递进相吻合，行为范式认为人是有中心、统一的启蒙主体，批判学的视角将人视为是由社会建构而来的社会学主体，观/展范式则将人视为后现代主体。其中，观/展范式认为媒介使用者的主动性表现在他/她可以透过观/展的循环过程，反复构建自己的身份认同，因而，媒介使用者不单是被外在的社会结构建构，还能透过主体的能动性再建构其身份认同。

安东尼·吉登斯曾在《现代性与自我认同》一书中以“自我的轨迹”（self trajectory）来解释高度现代性时代中的身份认同。他认为，所谓的身份认同是一种叙事，而且为了保持连贯性，行动者会将自我叙事改变成鲜明的记述。他特别提出“生活风格”的概念，认为“行动者在日常生活中建立的生活风格即为自我认同的特定叙事所附着的物质形式，而且生活风格隐含在多种可能的选择中，由行动者自由选择。生活风格还是例行化的实践，这类的惯例会融入到衣食习惯、行动方式以及为与他人互动而设计的舒适环境中，但接下来的惯例就会依据自我认同的变动性而反思性地接纳改变”[②]。吉登斯阐释了晚期现代生活的身份认同是如何透过行动者的生活风格抉择建构而来，如韩剧迷会下载剧中明星使用的手机铃声或把剧照用于电脑桌面背景，林书豪的球迷以穿“Lin7”球衣来建构自己的身份认同，这些都是透过生活风格的建立来塑造自己身为“迷”的身份。“迷文化”正在演变为我国网民现阶段行为特点的核心。

此外，吉登斯也强调策略性的生活规划是反思性组织自我轨道的实质内容。所谓生活

① HALL. Ideology and Communication Theory［J］.1989：275-277.

② 吉登斯 . 现代性与自我认同［M］. 赵旭东，方文，译 . 北京：三联书店，1998：77-78.

规划是依据自我的个人经历而动员起来的，是准备未来行动进程的手段。吉登斯强调生活规划会依据行动者的情境或心智框架的改变而修正和重构。例如，亚裔小孩把林书豪当角色模范，发愤兼顾读书与打篮球，计划有一天也要循着林书豪的成功模式，打破亚裔人士难登 NBA 球星之列的玻璃天花板。这已不是生活风格式的身份认同，而是事关策略性的生活规划和人生理想。

吉登斯的生活风格和生活规划都是一种“自我反思性计划”，是借由行动者的反思性组织书写自我身份认同脚本的过程。

以中国当代网民的结构和活跃人群的构成来看，要达到稳定的网络社会生态，为时尚早。渐进的网络实名制度也在消解着虚拟世界的安全预期，网民越来越习惯于发布个人照片，展现实时动态，扩散各类信息，在隐私出让和分享行为的基础上，对网民特征的阶段性跟进将成为业界和学界工作的交集。

伴随媒介主导范式的消解，网民行为的去中心化昭示了将媒介及使用媒介的个人被置于更广泛的行为与认知研究范畴中的必要性。研究网民特征最终是为研究人们从事各种与网络媒介有关的行为，即网民与媒介的关系，进而得出现代传播对人类社会的影响以及媒介如何参与构建社会并推动社会变革。

思考与探讨题

1. 现阶段，我国网民的特征有哪些？
2. 我国网民上网方式的转变经历了哪些过程？
3. 我国网民结构的发展趋势？
4. 网民的结构特征对网民媒介使用行为的影响？
5. 网民的需求特征有哪些？

延伸阅读

1. 匡文波 . 网民分析［M］. 北京：北京大学出版社，2003.
2. 郭玉锦，王欢 . 网络社会学［M］. 北京：中国人民大学出版社，2010.
3. 雷跃捷，辛欣 . 网络传播概论［M］. 北京：中国传媒大学出版社，2010.
4. 迪金森 . 受众研究读本［M］. 北京：华夏出版社，2006.
5. 罗伯逊 . 现代西方社会学［M］. 郑州：河南人民出版社，1988.

第三章　新媒体新闻的基础编辑

本章要点

1. 新媒体新闻的来源与选择标准
2. 新媒体新闻内容的删除与改动
3. 新媒体新闻标题的制作
4. 新媒体新闻图片的编辑

第一节　新媒体新闻的遴选

选择新闻稿件是新媒体新闻编辑业务中的重要环节。在具体工作中，新闻的遴选是编辑业务的基点，也是新媒体编辑的基本功。在遴选新闻的基础上，编辑才能进一步进行内容的加工、标题的制作、图片的选配等操作，使新闻最终呈现在新媒体平台上。

互联网的发展极大地促进了信息的传输，使得海量信息的供给成为现实。海量信息极大地丰富了新媒体新闻的来源，但同时也给新媒体新闻的选择带来了挑战。如何在信息洪流中又快又准地做出最佳选择，是当下新媒体新闻编辑工作者面临的第一道槛。

一、新媒体新闻稿件的来源

新媒体是一个信息集成与用户聚集的平台，在开放与交互的互联网环境下，新媒体新闻的来源呈现出多样性的特点。总的来说，新媒体新闻稿件主要来自以下五个方面（如图 3-1 所示）。

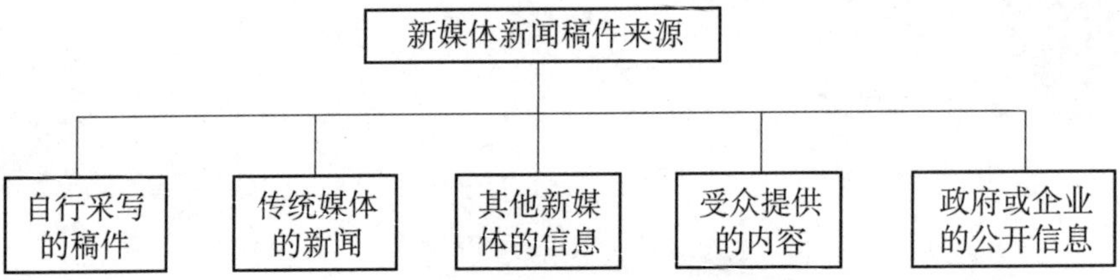

图 3-1　新媒体新闻稿件的主要来源示意图

（一）自行采写的稿件

自行采写的稿件是新媒体新闻的主要来源之一。目前，包括新华网、人民网在内的逾 200 家“一类资质新闻网站”已经获得记者证，可以进行新闻的自主采写与原创。而新浪网、搜狐网等商业门户属于“二类资质新闻网站”，并没有获得采访权利。但这些新媒体也可以通过对已有信息的整合与策划，邀请相关专家学者或社会知名人士进行访谈，生成并输出原创内容。特别是在非时政新闻领域，如娱乐、体育、科技、健康等，这些商业门户进行了大量的原创尝试。

背景延伸

2014年10月29日，国家互联网信息办公室和国家新闻出版广电总局联合下发《关于在新闻网站核发新闻记者证的通知》。通知要求，在全国新闻网站正式推行新闻记者证制度。全国范围内的新闻网站采编人员由此正式纳入统一管理。包括新华网、人民网、中国日报网、中国网络电视台在内的逾200家“一类资质新闻网站”已获得记者证，标志着这些新媒体已拥有自主采写的权利。

（二）传统媒体的新闻

与自行采写相比，更多新媒体的新闻稿件来源于对传统媒体新闻的转载，包括报刊的图文、电视的视频、广播的节目等。不同类型的新媒体会根据其自身的定位和需求，与相应的传统媒体进行合作，通过购买或资源交换等方式获得转载的权利。根据国家新闻出版广电总局公布的最新数据显示，2014年全国共出版报纸1 912种，期刊9 966种。这些刊物为新媒体提供了大量优质的新闻内容。

（三）其他新媒体信息

除了对传统媒体新闻的转载，对其他新媒体信息的转载也是新媒体新闻的主要来源之一。人民网、新华网、中国日报网等逾200家新媒体拥有自主采写的权利，这些新媒体的原创内容，包括文稿、图片、视频等，在经过授权后，也可以为其他无采访权的新媒体所用。

（四）用户提供的内容

用户原创的内容（User Generated Content，UGC）也正在成为新媒体新闻稿件的重要来源。随着互联网技术的发展，在网络上发布内容的门槛降低，新媒体用户可以通过微博、微信、贴吧、论坛等多种渠道，用文字、图片、视频等多种形式，快速便捷地表达自己的意见与看法。而这部分用户原创的内容，在经过编辑的整合加工后，也可以反向输出，成为新媒体新闻内容的来源。

（五）政府或企业的公开信息

自2012年《“十二五”国家政务信息化工程建设规划》发布后，各级政府、国家部委和地方厅局都加快了对电子政务建设的进程。各级政府、国家部委与地方厅局通过各种官方网站，公开发布相关资讯。这类新闻信息准确度高，专业性和权威性强，正在逐步成为新媒体的政治、经济、民生等新闻稿件的重要来源。同样，企业也通过自身的官方网站、微博账号或微信平台，向外发布信息。新媒体可以从这些渠道获取企业的最新资讯。

二、新媒体新闻稿件的选择标准

在稿件的实际遴选中，每个媒体都有自身建立起的一套评判标准和选择体系。虽然在细节上可能存在差异，但新媒体新闻稿件的选择标准总体来说应当包含四个方面：法律法规标准、新闻价值标准、媒体定位标准与信息增量标准。

（一）法律法规标准

符合法律法规是新媒体进行稿件选择的首要标准，根据国家法律法规来判断与遴选新闻稿件是新媒体选稿的根本原则。

为了规范互联网新闻信息服务，满足公众对获取互联网新闻信息的需求，同时维护国家安全和公共利益，保护互联网新闻信息服务单位的合法权益，促进互联网新闻信息服务健康、有序发展，国务院新闻办公室、信息产业部2005年联合发布《互联网新闻信息服务管理规定》。

背景延伸

《互联网新闻信息服务管理规定》第十九条规定：

互联网新闻信息服务单位登载、发送的新闻信息或者提供的时政类电子公告服务，不得含有下列内容：

（一）违反宪法确定的基本原则的；

（二）危害国家安全，泄露国家秘密，颠覆国家政权，破坏国家统一的；

（三）损害国家荣誉和利益的；

（四）煽动民族仇恨、民族歧视，破坏民族团结的；

（五）破坏国家宗教政策，宣扬邪教和封建迷信的；

（六）散布谣言，扰乱社会秩序，破坏社会稳定的；

（七）散布淫秽、色情、赌博、暴力、恐怖或者教唆犯罪的；

（八）侮辱或者诽谤他人，侵害他人合法权益的；

（九）煽动非法集会、结社、游行、示威、聚众扰乱社会秩序的；

（十）以非法民间组织名义活动的；

（十一）含有法律、行政法规禁止的其他内容的。

依照国家法律法规进行新闻稿件选择是新媒体新闻选择必须遵守的首要标准，也是不容突破的“红线”。凡是涉及危害党、国家与人民的利益，煽动民族仇恨，宣传封建迷信，散布谣言与淫秽色情内容，煽动非法集会等内容的稿件，新媒体编辑必须坚持一律不予采用的原则。

例如，2015 年“8·12”天津港爆炸事件。当晚天津滨海新区塘沽开发区的危险品仓库发生爆炸后，某些网站擅自发布、转载和传播了未经核实的消息，特别是未经严格审核的来自网民的稿件，而造成了部分民众的恐慌，扰乱了社会的秩序。这些违反了法律法规标准的新媒体最终都删除了稿件并受到了相应的警告与处罚。

（二）新闻价值标准

遵循新闻价值标准是新媒体进行新闻稿件遴选的基本标准，是否具备新闻价值、是否符合新闻价值标准是一篇文稿能否成为新闻的基础。

新闻价值总的来说有十个要素：发生概率、不确定性、利益相关性、影响程度、心理贴近性、名人效应、冲突性、人情味、心理替代性[①]、趣味性。

1. 发生概率

事实发生的概率越小，就越具有新闻价值。

19 世纪 70 年代，美国《纽约太阳报》的编辑主任约翰·博加特把新闻解释为“狗咬人不是新闻，人咬狗才是新闻”，正说明了这一点。经常发生的、非常普遍的事件是没有新闻价值的；反之，那些发生概率很小，比如，意外、偶然、异常的事件，通常会具有新闻价值，能够吸引人们的目光，激发读者的猎奇心理。

案例精选

在“十一黄金周”期间，热门旅游景区人山人海不是新闻，游客稀少才是新闻。在 2015 年“十一黄金周”期间，多家新媒体纷纷以《鼓浪屿迎黄金周史上最冷开场》为题，对厦门鼓浪屿旅游当时热度同之前形成鲜明对比进行报道（如图 3-2 所示）。

图 3-2 某新闻网站发布的鼓浪屿“十一黄金周”客流量对比图

① 陈力丹 . 新闻理论十讲［M］. 上海：复旦大学出版社，2008：35-46.

2. 不确定性

事实或状态的不确定性越大，减少不确定性的事实或信息便越具有新闻价值。当事实处在模糊或无法知晓的状态时，能够减轻这种状况的信息，都具有一定的新闻价值。

例如，在马航 MH370 失联事件中，存在着众多不确定因素，包括失事具体原因、飞机的下落与机上乘客信息等。由于这些事实都处于无法知晓的状态下，任何相关的稿件就都具有新闻价值。

3. 利益相关性

事实与读者的利益越相关，越具有新闻价值。特别是当事实直接关乎读者本身的利益时，这样的稿件就是具备新闻价值的，例如，股票的涨跌、油价的变动等。这些内容虽然有时比较枯燥、无聊，但是对于关心这类信息的读者来说是具有经济利益相关的新闻价值的。

4. 影响程度

事实的影响力越大、影响面越广、越能立即产生影响力，就越具有新闻价值。同时满足这三个条件的一般都是比较重大的、影响全局的事实。

案例精选

2015 年 10 月 3 日，新浪新闻、搜狐新闻、腾讯新闻和网易新闻都选择“习近平访美”相关稿件作为当日新闻头条（如图 3-3，3-4，3-5，3-6 所示）。

图 3-3　新浪新闻中心首页截图

图 3–4　搜狐新闻首页截图

图 3–5　腾讯新闻首页截图

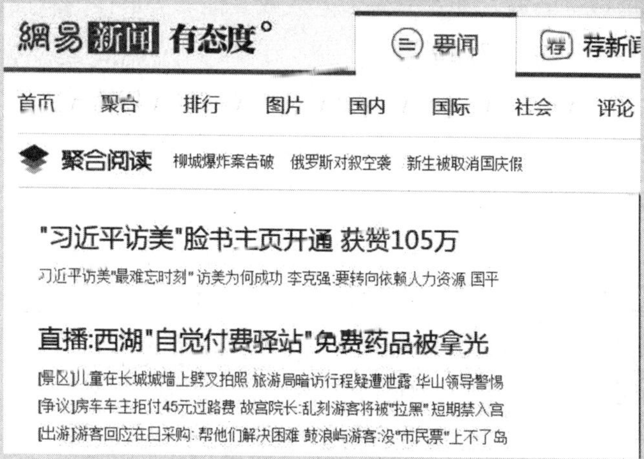

图 3–6　网易新闻首页截图

5. 心理贴近性

事实与接收者的心理距离越近，就越有新闻价值。心理距离包括生活地域、性别年龄、兴趣爱好、受教育程度、工作种类、宗教信仰等。简单来说，就是事件是否影响到了“我”的生活，事件里面涉及的因素和“我”有没有关系。不同的新媒体要根据自身大多数读者的特征，去选择贴近读者心理的新闻。

例如，秋冬季节，华北地区的大部分新媒体都会选择发布与雾霾相关的新闻，因为这是严重影响这一地区人们的生活、受到读者强烈关注的事件。而生活在华南地区的人们几乎不会受到这一天气的影响，因此，华南地区的新媒体则不会选择这一类的新闻。

6. 名人效应

这个“名人”包括著名的人物，也包括著名的地点。事件中涉及的人物、地点的知名度越高，就越容易引起人们关注，新闻价值也越高。

例如，普通人在北京买不起房得租房不是新闻、也没有新闻价值，而演员包贝尔在北京买不起房还得租房，就是一个具有新闻价值的新闻。再比如，大妈们在公园里跳广场舞不是新闻，而如果大妈们在天安门广场跳广场舞则可以成为一个新闻。有时候，重要的不是事件本身，而是谁做以及在哪儿做。

7. 冲突性

凡是含有冲突和矛盾的事件，都有一定的新闻价值，并且冲突越大、越激烈，就越容易吸引受众眼球。冲突包括人为冲突、思想与价值观的冲突、商业竞争、外交斡旋、人与自然的冲突，甚至战争等。

例如，2014 年 3 月，昆明火车站发生的砍杀事件是当年重大的新闻之一。这个事件本身既包含暴徒与平民的冲突，又包含恐怖分子与国际的冲突，具有极高的新闻价值。

8. 人情味

越能表现人的情感与悲欢离合的事件，就越具有新闻价值。简单来说，就是选题越能让读者流泪，就越能成为新闻。涉及儿童、老人或其他弱势群体的新闻，往往具有很强的人情味，所以这类新闻的关注程度很高。

例如，2014 年“冰桶挑战”项目的成功。相关新闻之所以能够大热，是因为渐冻人的悲惨状况引发了社会的同情怜悯。因为事件激发了人们的同情心，所以新闻才得以成功地传播。

9. 心理替代性

心理替代性即“故事性的事实”。人们乐于看到草根逆袭、英雄故事、转危为安等主题的故事，这些故事通常都有十分曲折的情节和经过。如果真实的新闻能够充满故事性，这应当是读者所喜闻乐见的。毕竟，真实的生活永远比故事精彩。

10. 趣味性

好玩的、有意思的事情，往往能够吸引读者的兴趣并且让其感觉到愉悦。增加新闻稿件的趣味性，有利于信息的接收与传播。可以看到，在新媒体中，趣味性新闻往往是阅读量和点击量较高的新闻。当然，新闻要有趣味性并不意味着要走向“三俗”，新媒体编辑必须严格划清两者之间的界限。

（三）媒体定位标准

媒体定位的目的在于体现不同新媒体的性质与风格，突出自身的独特性。

从总体来看，每个新媒体都应当对自身有着明确的定位，这一定位决定了该媒体的方方面面，包括内容选择、经营理念、版面设计等。定位决定了“你是你”。

案例精选

表 3–1 列举了 6 个不同类型新媒体对自身的定位及其新闻选择的侧重点。

表 3–1　6 个新媒体的定位及新闻选择的侧重点

网站	自身定位 / 描述	新闻选择的侧重点
人民网	坚持“权威、实力，源自人民”的理念，以“权威性、大众化、公信力”为宗旨，以“多语种、全媒体、全球化、全覆盖”为目标，以“报道全球、传播中国”为己任	侧重国内外的时事政治新闻，也呈现财经、央企、房产、教育与文化的部分内容
新华网	以“传播中国、报道世界”为职责，以“权威声音、亲切表达”为理念，中、英、法、西、俄等多种语言，24 小时不间断发布全球新闻	侧重国内外的时事政治新闻，也呈现财经、教育、娱乐、信息化等内容
澎湃新闻	专注时政与思想的互联网平台	专注于时政与思想新闻
界面	新一代财经商业新闻网站，只服务于独立思考的人群	集中呈现财经商业新闻
新浪新闻	为全球用户 24 小时提供全面及时的中文资讯，内容覆盖国内外突发新闻事件、体坛赛事、娱乐时尚、产业资讯、实用信息等	综合类新闻网站，涵盖内容广，社会新闻内容较丰富
网易新闻	有态度的新闻。无跟帖，不新闻	综合类新闻网站，涵盖内容广，社会新闻内容较丰富。并且，网易新闻强调用户参与、表态，注重 UGC 的运用

在编辑学范畴中，新闻媒体的定位主要是解决两个问题：一是媒体的服务对象是谁，二是媒体为这些服务对象做什么。① 也就是说，新媒体编辑在遴选新闻稿件时，必须要明确媒体自身的定位，主要包括用户定位与功能定位。

明确用户定位，即明确该媒体的目标用户，进而对其进行定向地、准确地传播。例如，澎湃新闻在自我介绍中写道："如果你是时政爱好者，那么你安装一个澎湃新闻客户端就够了。"说明这一新媒体平台将其用户定位为"时政爱好者"，所以，根据这一定位，在新闻稿件的选择上，编辑会更为青睐时政类新闻。

明确功能定位，则是明确该媒体所要承担的职能和所要发挥的作用。在我国，目前拥有登载与转载新闻资质的网站大致有两种：官方的新闻网站及商业门户。两者的身份和地位不同，所要承担的职能与发挥的作用自然不一样。人民网、新华网等官方新闻网站的编辑会更加侧重于选择时事政治新闻；而新浪新闻、网易新闻等商业门户的编辑在总体新闻稿件选择上则会倾向于社会新闻。

（四）信息增量标准

信息增量标准，是新媒体提升自身竞争力的重要标准。信息增量，旨在提供给受众"欲知、应知、未知"的新闻，即不重复其他媒体已经提供的信息，不说别人说过的事。这就要求媒体把握好"五个维度"：速度、角度、广度、深度、高度。

1. 速度

在这个信息爆炸的时代，在激烈的互联网竞争中，一个新媒体要获得独家报道无疑是一件非常困难的事情。而如果你能够比其他媒体更快地发出消息，那么在第二家媒体发出消息之前，你就占据了独家优势。

2. 角度

就事件本身而言，值得报道的无非就那些。在每个媒体都会对该事件进行登载的情况下，想要脱颖而出，就必须要呈现不同的东西，这就是新闻选择的角度。新媒体编辑要学会选择从一个独特的切口介入，发出不同的声音。

案例精选

周永康被调查后，媒体上一片喊打之声。搜狐《点击今日》另辟蹊径制作了专题，指明周永康身在高位时也曾有过推动禁止刑讯逼供等有价值的举措。不说周永康的坏事，而说他的"好"事。不是在给他洗白，而是点出法治的重要性。

---

① 蔡雯. 新闻编辑学教程［M］. 北京：中国人民大学出版社，2006：64.

3. 广度

新闻的广度，这是新媒体相较于传统媒体所拥有的巨大优势。新媒体编辑应当充分地运用互联网的便利性，扩宽新闻内容的来源。通过专题、视频等多种形式，以更加多元的信息呈现方式进行更加全面的新闻报道。

案例精选

新媒体通常习惯用展现“人山人海”的图文去表现“黄金周”景区的热闹景象，呈现方式较为单一，新闻内容较为局限。而在2015年国庆“黄金周”，澎湃新闻采取直播的方式，将记者派至全国热门景区的现场，进行实时的视频与图文直播，极大地丰富了新闻的内容，拓宽了新闻的广度（如图3–7所示）。

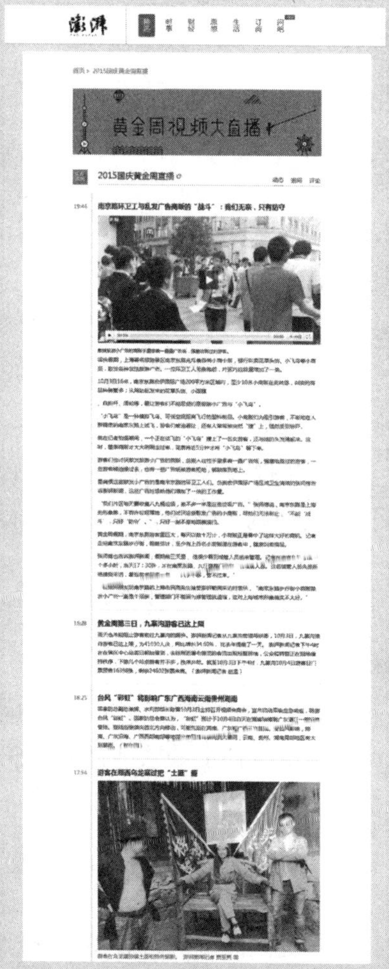

图3–7　澎湃新闻“黄金周”视频直播页面截图

4. 深度

深度是传统媒体的优势所在，互联网的传播特征决定了新媒体讲求更多的是“短平快”。虽然新媒体不适合过多强调深度，但作为新闻媒体，其新媒体编辑也不能放弃深度。深度报道并不一定是长篇大论，新媒体新闻所要做到的深度，在于把单纯的信息传递转换为对原因的深入探索。

5. 高度

新媒体新闻不再局限于报道新闻事件本身，而是把简单的新闻事件总结归纳，由单个的具体事件上升到现象层面，再提炼出抽象的概念并进行规律、趋势的分析，进而产生更多有思考、有思想的报道。

第二节　新媒体新闻内容的删改

新媒体编辑在完成稿件的遴选后，紧接着进行的是新闻内容的删除与改动，这是一个新媒体编辑应当具备的“基本功”。

一、删　除

由于网络传播的特性，人们已经习惯于“短平快”的阅读方式。虽然新媒体上有足够的版面去刊载所有的信息，但生活在信息过剩时代的人们，每天面对着海量的新闻与冗余的信息，他们是拒绝花费大量时间去看原封不动地照搬传统媒体的长篇稿件的。所以需要新媒体编辑的二次加工，对长篇的文字予以删减，去除冗余的信息，只保留最精华、最有价值的部分，方便人们高效地获取信息。

对新闻价值较小的部分、冗余的内容、错误的字句和不必要的细节描写等内容的删除，新媒体与传统媒体编辑遵循着同样的原则。除此之外，新媒体编辑还需要删除以下内容：

（一）删除传统媒体稿件中的编者按、导语和标题部分

编者按、导语都是传统媒体编辑对于这篇稿件的解读与看法，与新闻事件本身无关，可以予以删除。而标题部分，由于互联网传播的特性，对新媒体的新闻标题提出了不一样的要求（详见本章第三节），所以传统媒体上的新闻标题往往不适合在新媒体上继续使用，也要予以删除。

（二）删除公关新闻稿

公关新闻稿相比于“新闻稿”，更倾向于“公关稿”。虽然也会就一个新近发生的事件进行写作，但最终的目的并不是满足人们的“欲知”“应知”和“未知”，而是服务于企业

形象的宣传。并且这类稿件中往往有过多的修饰成分，新闻的真实性与客观性难以得到保证。所以，这类公关新闻稿与软文是需要删除的内容。

（三）新媒体编辑还要对一些图片与视频进行删除

由于摄影、摄像的成本日益降低，手机拍照成为主流，网络传输变得十分便捷，使得网络上充斥着过量低质的视频与图片。有些网站为了吸引眼球，配发了大量雷同的、质量低下的，甚至是“三俗”的视频与图片。这些都是新媒体编辑需要删除的内容。

二、改　动

改稿，无论对于传统媒体还是新媒体的编辑来说，都是一项基本的工作。编辑需要对稿件中出现的事实信息进行核实与修正，对文中的错别字、语法与标点符号进行修改。

但由于所处平台与环境的差异，传统媒体与新媒体编辑的改稿工作也存在着不同。相比于传统媒体，由于新媒体信息数量更大、来源更广泛，在信息的核实与修正上，新媒体显然面临着更大的困难。并且，新媒体编辑要做的不仅仅是改正错误，还需要去改变形式。即在不改变新闻稿件内容的前提下，改变新闻编排、呈现形式，充分利用平台与技术优势，使得内容得到最多元、最丰富的呈现。

（一）改正错误

1. 政治性错误

稿件中不能有违背党和国家的路线、方针、政策，违背党、国家和人民利益的内容，不能泄露国家机密，不能煽动民族仇恨、破坏民族团结，不能破坏国家宗教政策，不能宣扬邪教和封建迷信。这类错误一旦犯下，往往会造成巨大的负面影响。所以，新媒体编辑要对此类错误保持高度敏感，坚决避免政治性错误的出现。

2. 事实性错误

事实性错误，即新闻稿件中的 5 个“W”与 1 个“H”出现了错误，包括事件本身，牵扯的人物信息及关系，事件发生的时间、地点和事件的前因后果出现的错误。与传统媒体相比，新媒体编辑接收到的信息更多更杂，且由于网络的虚拟性，新媒体编辑一般接触不到稿件的原作者，也难以确认信息提供者的真实身份，这无疑为校正错误的信息增加了难度。虽然从正面进行核对的难度增加，但新媒体编辑可以反过来利用丰富的网络资源，对一篇稿件搜索得出的相关信息进行比对，从侧面进行修改。

3. 知识性错误

很多新媒体编辑都是学习新闻、中文出身的，所以对于经济、法律、国际政治、数学等其他学科的知识难免会有不理解的地方，从而导致一些知识性错误的出现。每个人的知识都是有限的，所以出现这样的错误有时候也在所难免，但并不等于允许出现。新媒体编辑在面对自身不了解的领域，必须要秉持“有所怀疑”与“仔细求证”的态度，通过利用丰富的网络资源、数据库或咨询相关领域的专家学者等方式，及时改正错误。

4. 技术性错误

技术性错误主要包括两个方面：

一个是文字表达方面出现的问题，包括错别字、语法错误、标点符号错误、单位与数字使用错误、行文格式不统一等，这是编辑最不该犯但是最常犯的错误。其中尤其容易出现的是错别字的问题。编辑有时为了抢时效、加上对输入法操作的疏忽，新闻中就容易出现错别字，这对媒体的形象与公信力都是一种破坏（如图 3–8 所示）。

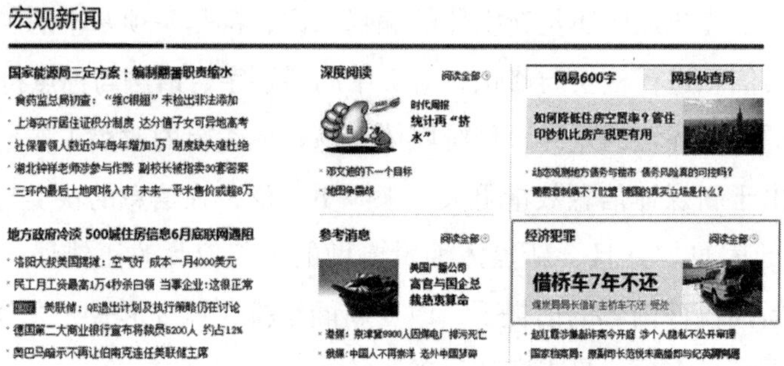

图 3–8　某新闻网站将“轿车”打成“桥车”截图

二是由于互联网编辑而出现的技术问题，例如，标题折行、文章断行、出现乱码、格式错位、显示不完全等，这种技术问题在新媒体编辑的实际操作中经常出现。如图 3–9 所示，评论《国内外驾照互认当避“低水平”对接》，由于首页字数限制，少显示了“接”字，使得题目表意不清，影响用户的阅读与理解。

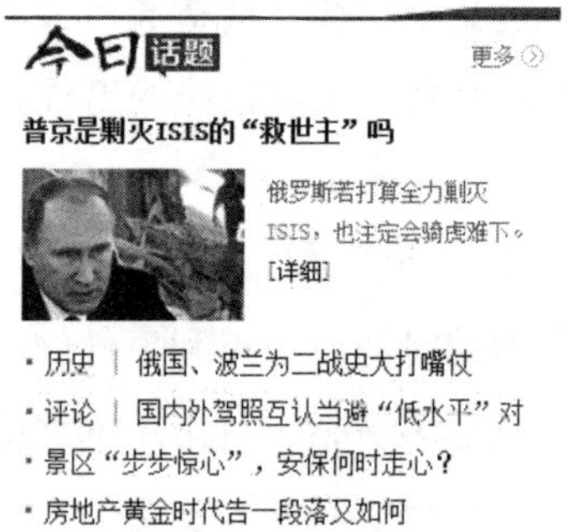

图 3–9　某新闻网站首页截图

（二）改变形式

新媒体编辑不仅仅要改正新闻内容的错误，还应该改变新闻编排、呈现形式，充分利用平台与技术优势，把一条“单薄”的文本新闻变成丰富的多媒体新闻，让内容得到最多元、最丰富的呈现，使新闻更具可读性，更能吸引读者。

1. 对冗长的稿件进行结构性拆分

如果新闻稿件过长，则可以对其进行结构性拆分，进行分篇、分页的处理，或是按照稿件自身的内容与结构，在不破坏其内在逻辑与脉络的基础上，将其拆分为几篇文章。这样做的好处在于，使得新媒体呈现页面保持统一、美观，并且可以更好地呈现稿件内容，便于读者阅读与理解，减轻读者阅读负担，提高读者的阅读体验。

2. 对文章的重点进行突出

通过改变字体、字号、颜色、线条、底纹、特殊符号等方式，对文章的重点部分进行标示和突出。因为网民在浏览新媒体新闻时，习惯自上而下、有顺序、拖拽或是滑动式的浏览，且阅读速度较快，有时候很难快速地抓住新闻重点、理解文章主题。新媒体编辑需要采用编辑技巧，让文章的重点得以突出，便于用户阅读。

3. 插入图表、视频等多媒体元素

在原文稿的基础上，适当地插入图片、表格、视频等多媒体元素，让单一的文稿变成丰富的多媒体新闻，使新闻得到更丰富、全面和生动的呈现，也使新闻更为易读、可读、悦读，吸引更多的用户。

案例精选

《京华时报》一篇报道《今年国庆黄金周 7.5 亿人次出行》原文只有一张配图（如图 3–10 所示）。腾讯新闻转载后，增加了组图和一段视频（如图 3–11 所示），更加生动、多元地呈现了黄金周的火爆，让读者更直观地感受到新闻的主题。

【第004版：欢度国庆】

04 FOCUS

今年国庆黄金周7.5亿人次出行

相当于全国一半以上人口　铁路运量超过“春运”规模

假期运力投放平均增幅35%

假期最后两日高峰单日达9500万人次

黄金周每日客运量均超春运前高峰

假日制度改进方案完善两极假日安排

图 3–10 《京华时报》某篇报道版面截图

腾讯新闻 事实派　国内　国际　社会　军事　评论　历史　图片　天气

今年国庆黄金周7.5亿人次出行 超“春运”规模

时政新闻　京华时报[微博] 2015-10-05 01:55　我要分享　4774

国庆期间各景区迎来大规模人群。点击查看组图>>

【拍客】航拍十一黄金周龙门石窟游客如织爆棚　相关专辑 >

推荐视频：　台风袭击广东多地现龙卷风 塔吊被吹倒

游客秋雨中游览杭州西湖。根据交通、铁路等部门的预测，今年国庆“黄金周”期间将有超过7.5亿人次出行，相当于全国一半以上人口出门逛了一圈。新华社发

“世界这么大，我想去看看;路上这么堵，想想都痛苦”。国庆黄金周过半，人们在享受长假的同时，也体味着“在路上”的酸甜苦辣。根据交通、铁路等部门的预测，今年国庆黄金周期间将有超过7.5亿人次出行，相当于全国一半以上人口出门逛了一圈。据了解，今年黄金周期间，全国道路客运量预计将达6.4亿人次。而铁路方面，两节期间运力紧张程度超过春节，几乎每天的客运量都达到40天“春运”最高峰的数量。

公路交通

假期最后两日高峰单日达9500万人次

据交通运输部预测，黄金周期间道路客运量将达到6.4亿人次，同比增长1.6%。特别是自驾游出行增加，黄金周期间，高速公路交通流主要以小客车为主，预计占比约80%。

“从时间分布看，客流量将呈现两端高、中间平稳的特点。9月30日下午，部分高速公路及城郊联络线的出城方向，已经出现车流大幅增长的情况;假期最后两天，也将出现车流和客流高峰。预计单日最高客运量将超过9500万人次。北京、广东、四川、安徽及周边旅游热点地区客运量增幅较大。”交通运输部新闻发言人刘鹏飞说。

尽管今年是小客车免费通行政策实施以来的第四个国庆长假，但1日一早，北京、天津、上海、广州、重庆、南京等城市主要高速公路出城方向就开始拥堵，一些路段直到当日下午才有所缓解，高速公路上散步、遛狗又“如约出现”。

刘鹏飞介绍，结合过去几年节假日小客车免费通行的经验，今年黄金周期间，交通运输部门密切与气象、国土、公安交管等部门的联系，同时重点加强对城市出入口高速公路、省界主线收费站、跨江河特大桥梁、特长隧道、旅游风景点周边道路等重点路段的监测和疏导。

此外，假期出行的人们也多少“长了记性”。北京市交通委相关负责人表示，免费首日高速公路通行状况较去年同期有所好转，市民高速公路免费出行更加理性，错峰出行意识增强，长时间集中拥堵路段明显减少。

图 3-11　腾讯新闻对于《京华时报》同一篇报道的页面截图

第三节　新媒体新闻标题的制作

什么是新闻标题？概括来说，新闻标题即用来揭示、评论新闻内容的一句最简短的文字，用大于正文的字号显示于正文之前。无论是在传统媒体还是新媒体中，标题都是新闻的眼睛，是新闻编辑工作的重要环节，遵循着共同的制作原则。

但不同于传统媒体的是，在网络“速读”时代，新闻标题之于新媒体有着更为重要的作用和意义——往往一个标题就直接决定了新闻的点击量和阅读量。因为在新媒体中，显示在首页的一般只有标题，读者只有点击标题才能进入到正文页面。所以，内容再好，如果标题不够吸引人，没有让读者点开的欲望，那么这篇新闻是无法得到有效传播的。新闻标题的制作，极大地考验着新媒体编辑的功底与能力。

一、新媒体新闻标题的功能

从定义来看，新闻标题主要有揭示新闻事实、评论新闻内容、吸引读者阅读三个功能。这三个功能是传统媒体与新媒体的新闻标题所共同具备的。而单就新媒体新闻的标题而言，还具备了“说明新闻形态”的功能。

（一）揭示新闻事实

这是新闻标题必须具备的功能。揭示新闻事实，即对新闻稿件最重要的新闻事实进行简要的提示，让读者在最短的时间内了解到这条新闻讲的是什么。特别是在新媒体上，读者只有通过标题快速了解这条新闻想讲什么，来判断自己是否“未知”“欲知”“应知”，才能第一时间决定是否阅读全文。

在新媒体上，新闻内容与标题的自然分隔导致了读者对于标题阅读的依赖。并且读者每天面对互联网上的海量信息，时间和注意力被大量稀释，阅读速度快、跳跃性大。所以一条登载在新媒体上的新闻，其标题必须要对读者有强大的吸引力，在繁杂的信息中凸显出来，快速抓住读者的“眼球”，才能让读者点击、阅读，最终实现新闻的传播。要实现这一点，就需要新媒体编辑在字数限制之内，尽可能用最少的字数，包含最多的要素，讲清楚最重要的事情，满足最大部分读者的心理需求。

（二）评论新闻内容

新闻标题不仅能够解释新闻事实，还能够对新闻事实进行评论，表达媒体的态度与立场，引导读者的阅读与理解，在一定程度上发挥着舆论导向的作用。

新闻标题中评论新闻内容，主要实现方式有三个：

1. 新闻标题对新闻内容的选择性呈现，本身就是一种评价

案例精选

对于同一个新闻事实——青岛大排档店主宰客，大虾卖 38 元一只，4 个新闻门户网站角度不一样，使得价值引导也有了区别。

（1）新浪：青岛大排档菜单大虾 38 元 1 份结账时 38 元 1 只

（2）搜狐：大排档宰客大虾 1 500 元一盘 店家：很便宜

（3）网易：大排档宰客大虾 38 元一只 游客感叹防不胜防

（4）腾讯：天价虾店主称 38 元一只很便宜 被指持棒威胁顾客

标题（1）单纯地陈述新闻事实，但标题中点名了“青岛”这一地点，引导读者对于海滨旅游城市宰客事件频发的联想与思考；标题（2）在价格呈现上使用了“1 500 元一盘”实际上没有“38 元一只”来得更具有冲击力，但该标题使用了“宰客”一词，并且呈现了店家的观点；标题（3）前半句与标题（2）一样，只不过所使用的价格表达方式不同，但后半句，标题（2）选择呈现店家观点，标题（3）则是选择表达游客的感叹；标题（4）则是直接把“38 元一只”的事实和店主认为“很便宜”结合在一句话里，并且点名这是“天价虾”，还增加了店主“持棒威胁顾客”的信息点。

2. 在新闻标题中直接对事实发表议论，表明态度

让读者直接感受到媒体的观点与立场。例如：

（1）日本第四次质疑潘基文访华 中方斥其无理取闹

（2）直 10 改型直升机用国产发动机 性能超阿帕奇

（3）“一带一路”怎么翻译？这可不是小问题

（4）屠呦呦获诺奖，我们别空有狂欢

（5）老君山道士为游客送斋饭 真实版“道士下山”送温暖

3. 通过语言文字的运用，间接评论新闻内容

通过对语言文字的运用，例如，在词语褒贬的选择上、语气和符号的运用上，也可以间接地表达媒体的观点、评论新闻的内容。例如：

（1）屠呦呦个人获奖曾引发争议：对团队的人公平吗

（2）日本药被狂扫反映中国医药重大缺陷？

（3）武汉长江大桥现“二缺”涂鸦：终于看到黄河了

（4）中超版权，他们为啥认为值 80 亿

（5）谁买了马云的画：送 iPhone 的“中国好同学”

（三）吸引读者阅读

除了揭示新闻事实、评论新闻内容，新闻标题还能够以生动幽默的语言、美观大方的形式吸引读者点击标题、阅读原文。新媒体编辑在制作新闻标题时，可以采用比喻、比拟、设问等方式，生动形象地呈现事实中最精彩的一幕，以此来激发读者的阅读兴趣。

例如，标题《豆芽为什么这么“肥”？都是激素催的！》，套用了一句人们耳熟能详的歌词“花儿为什么这样红”，让读者有亲切感。并且采用了设问的方式，一问一答中包含了新闻最核心的内容，能够较好地吸引读者的关注。

（四）说明新闻形态

以上三个功能是传统媒体与新媒体的新闻标题所共有的，而说明新闻形态这个功能是新媒体新闻标题所特有的。

新媒体新闻标题除了揭示、评论内容外，还会附加其他成分，如文体、出处、类别和所属栏目等。因为新媒体新闻呈现形态十分丰富，除了图文稿件外，还有视频、直播、策划、专题等。此外，新媒体新闻会隶属于不同的版块、栏目，如财经、国际、社会、科技等。在标题中添加这部分信息可以使新媒体新闻的层级结构更为清晰，相当于给读者提供了一个便利的导航。

案例精选

（1）[live] 国庆出游大直播：青岛天价大虾餐馆被查处（点明类别）

（2）财经 | 商务部：TPP 是亚太地区重要自贸协定之一（点明栏目）

（3）日媒：日间谍被捕因在钓鱼岛附近岛屿拍军事设施（点明出处）

（4）国平：习近平访美打造中美国际合作新亮点（点明作者）

（5）评论 | 惠民举措不应成为办事障碍（点明体裁）

二、新媒体新闻标题的制作原则

新媒体新闻标题的制作既要遵循传统媒体新闻标题制作的原则，也要结合新媒体的特点。

（一）真实

新媒体新闻标题最重要的功能就是向读者传递信息，这就要求标题是符合事实的、真实的。并且这个真实是要全面的、准确的真实，而不是局部的真实、片面的真实。我们常说的“标题党”，就是只采用局部、片面的真实，刻意将极小的一部分事实放大，断章取义、以偏概全去欺骗读者，结果读者点击全文发现内容与标题差别很大。这种行为实际上违背了新闻真实性的原则，损害的不只是单个媒体而是整个媒体行业的形象。

（二）精彩

新媒体新闻标题要精彩，需要做到两点：一是要能够抓住要点，学会将稿件真正的新闻点、亮点与兴奋点提炼出来；二是要有想法、有创意，用各种表现手法，清新脱俗的语言，让标题更加可读、悦读。这样的新闻标题才能脱颖而出，第一时间抓住读者“眼球”，让读者过目不忘。

（三）简洁

标题是新闻的“眼睛”，好的标题要做到“立片言而居要”。这就要求编辑用心锤炼标题，能用一个字就不用两个字，使标题言简意赅、字字珠玑。而对于新媒体编辑而言，由于受到网页空间的限制，标题的字数更要严格控制。具体来说，新媒体编辑可以通过使用概括性强的语言、删除多余的字句与不必要的修辞、巧用简称和数字等方式，让标题变得简洁。

（四）贴近

贴近性原则是新闻价值的一个组成要素，事实与接受者的心理距离（包括生活地域、性别年龄、兴趣爱好、教育程度、工作种类、宗教信仰等）越近，就越有新闻价值。因此，标题制作也要遵循贴近读者心理的原则，突出与读者的贴近性，以此来引起更多的关注和普遍的心理共鸣。

（五）独到

现今，新媒体上的新闻标题相互抄袭现象严重，致使新媒体新闻标题严重同质化。如果不想自身的标题被淹没在互联网信息的洪流中，新媒体编辑就要使自身的标题做到独到。独到体现在新媒体编辑对于内容与角度的选择、对于该突出什么内容、不该突出什么内容的判断上。只有与众不同，才能引人注目。

三、新闻标题的制作

在具体工作中，仅仅了解新闻标题的制作原则是不够的，还需要掌握一些技巧与方法。

（一）提炼标题的技巧

提炼标题的技巧具体分三种情况：

一是精心阅读原稿件、了解原文具体内容后，再根据稿件进行提炼，制作成标题。一般来说，只有熟读全文才能制作出好的标题。因为只有了解和熟悉内容，新媒体编辑才能找出文章的新闻点、亮点，才能制作出好的标题。

二是根据原稿件的导语，进行标题的提炼与制作。由于导语往往包含一篇新闻最重要、最精彩的部分，所以导语也可以成为新媒体编辑标题制作的重要依据。但是，根据导语初步拟定标题后，还应当通读一遍文章的具体内容，确认标题是否能够最好地呈现内容中最具传播价值的部分，才能最终确定标题。在讲求速度与效率的新媒体编辑工作中，这种做法相较于第一种情况，得到了更为普遍的采用。

三是直接根据原标题进行改写。新媒体中有大量转载自传统媒体的稿件，新媒体编辑需要把原标题的多行题改为适应新媒体传播的单行题。这个时候，新媒体编辑需要了解“肩题”“主题”和“副题”的作用，把握住多行题的主题，抓住最关键的内容予以呈现。现在很多新媒体编辑往往到这一步就结束了，这样很容易导致标题以偏概全甚至变成“标题党”。所以在根据原标题改写后，还需要通读原文进行核对，才能最终确定标题。

（二）标题的内容呈现

在提炼完标题的内容后，需要用适当文字予以呈现，我们需要注意：

一是标题要长短适中，不能太长也不能太短。太长了过于复杂不利于阅读与理解，太短了不能准确表意且破坏版面整体的和谐统一。如图 3-12 所示，某新闻网站的新闻标题的字数大概在 18—21 之间，且中间会增加空格或“：”来缓解用户由于连续长句阅读可能产生的歧义与不良体验，使得标题更方便读者阅读。

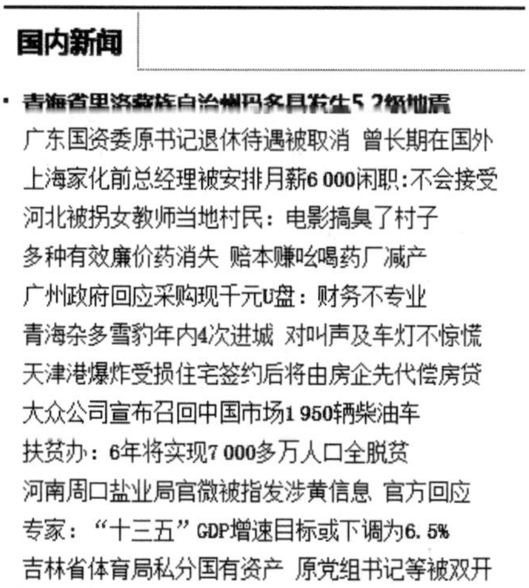
国内新闻

- 青海省果洛藏族自治州玛多县发生5.2级地震

广东国资委原书记退休待遇被取消 曾长期在国外
上海家化前总经理被安排月薪6 000闲职:不会接受
河北被拐女教师当地村民：电影搞臭了村子
多种有效廉价药消失 赔本赚吆喝药厂减产
广州政府回应采购现千元U盘：财务不专业
青海杂多雪豹年内4次进城 对叫声及车灯不惊慌
天津港爆炸受损住宅签约后将由房企先代偿房贷
大众公司宣布召回中国市场1 950辆柴油车
扶贫办：6年将实现7 000多万人口全脱贫
河南周口盐业局官微被指发涉黄信息 官方回应
专家：“十三五”GDP增速目标或下调为6.5%
吉林省体育局私分国有资产 原党组书记等被双开

图 3-12　某新闻网站标题截图

二是要单行成题且以实题为主。在新媒体中，一般采用单一式结构的标题，即单行的标题居多，而非复合式结构的标题。并且，新媒体新闻标题多是实题，要让读者最快地明白标题的内容，掌握标题的信息。当然，也不是说新媒体不能使用虚题，但前提是要让读者看得明白，而不是让读者读起来云里雾里，打消其阅读的积极性。

三是要精彩生动，包括使用各类的修辞手法，巧用数字与符号，借用诗词佳句、流行用语和流行歌曲等，让标题更加精彩生动、富有文采，引发读者的联想，吸引读者的眼球。

（三）标题的形式选择

在新媒体新闻标题的具体制作过程中，还要注意形式的选择：

一是要根据标题所处页面的等级不同，对标题的长度进行不同的处理。一般来说，新媒体的页面具有不同的等级，网站基本都是二级或三级页面的设置。一级页面的标题常用单行实题且尽量简明扼要，而二级、三级页面的标题则可以相对较为详细一些。

二是根据需要采用不同的字体、字号。不同的字体、字号给读者带来的阅读体验和心理作用是不一样的。新媒体编辑可以运用不同的字体来呈现不一样的内容，例如，引用的内容用楷体，正文用黑体或宋体等。而就字号来说，则可以通过字号大小的不同起到突出和强调的作用，让读者可以通过字号大小来判断新闻内容的重要程度。

三是可以对标题形式进行补充说明，即可以在标题内容之前或之后标注这条新闻的呈现形式。例如，《马来西亚 2 名女孩迷失丛林 46 天获救（图）》《高清图：刘云山在朝鲜祭扫中国志愿军烈士陵园》，除标题内容之外另注明“图”或“高清图”，让读者对新闻内容的类型一目了然。

四、拒绝“标题党”

由于标题是新闻的“眼睛”，在新媒体中，一个标题的好坏往往直接决定了一篇新闻点击量的高低。当下新媒体新闻内容同质化严重，新媒体信息体量巨大，如果标题不能迅速地吸引读者目光，那么这篇新闻就很难实现有效传播。为了在激烈的“标题竞争”中脱颖而出，很多新媒体编辑往往“剑走偏锋”“矫枉过正”，仅仅为了吸引读者的眼球，而忽视具体内容去制作标题，这些新媒体编辑就是我们常说的“标题党”。

（一）标题党的定义

《汉语新词新语年编》中将“标题党”定义为“利用各种颇具创意的标题吸引眼球的人或者行为”。具体来说，“标题党”指的是互联网上利用各种颇具创意的标题吸引网友眼球，以达到某种目的的一些网站管理者和网民的总称。其主要行为表现在发帖的标题或夸张或奇特，而内容通常与标题完全无关或联系不大，纯粹是靠标题文字吸引眼球（如图 3–13 所示）。其目的通常是为了增加点击量或提高知名度。

标题及标题图片	内容	手段
惊呆！福建幼儿园因发生火灾，孩子直接被从二楼扔下	图片 + 文字：福建幼儿园发生火灾　楼下有消防人员群众施救，为抢救孩子，教师将孩子从火场抛至楼下气垫上，无一人伤亡	利用公众对儿童的关注度，将儿童与火灾、被扔等直接关联，刺激读者阅读
李湘在大街上被人强行拖行	图片：一个人两手各拖一个印刷了李湘代言的大头宣传纸袋，在地上行进	以名人负面新闻为噱头
老公偷偷在家安了摄像头，看到令人震惊的一幕	视频：保姆趁户主家中无大人疯狂虐待户主年幼的孩子	利用具有性别标志的称呼挑战读者遐想
天啊！这个必须曝光！ + 裸女图片	视频：关于白菜被喷了甲醛事件的调查新闻	“惊悚 + 低俗图片”的“吸引式”阅读
中国人胜美国人了，暴爽！没 Wi-Fi 也要看	视频：一场中美选手参加的拳击比赛，中国选手战胜了美国选手	以国家、民族荣誉感为噱头

图 3–13　中国网信网《“标题党”“图片党”该收手了》截图

（二）“标题党”的表现

具体说来，“标题党”的表现有以下几种：

1. 断章取义

这类新闻标题往往会从新闻信息中直接选取或提炼一部分甚至一句话的内容，以此制作成标题，不顾及全篇新闻或采访人物的本意，导致标题与新闻原意不符。

例如，《环球时报：要允许中国适度腐败 民众应理解》，这篇新闻的原标题为《反腐败是中国社会发展的坚决战》，新媒体编辑仅仅从原文找到了两句话，“中国显然处于腐败的高发期，彻底根治腐败的条件目前不具备”“腐败在任何国家都无法‘根治’，关键要控制到民众允许的程度”，就定下《环球时报：要允许中国适度腐败 民众应理解》这一标题。新媒体标题与原标题意义出入过大，造成误读、误解。最终，制作这一标题的网站向原发媒体致歉。

2. 虚假夸大

这类新闻标题往往夸大事实或无中生有，目的在于制造出耸人听闻的标题，吸引读者的目光，增加新闻的点击量。但往往读者点开新闻后，发现事实并没有那么夸张。

例如，《四川政坛“地震”：2013 年近万官员被查》，新闻中并未明确表示“近万官员被查”，也没有明确提及被查官员人数和相关的信息，仅有“四川全省纪检监察机关共立案 9 938 件”，而且立案数量不等于被查人数，“近万官员被查”的表述不严谨。并且纪检监察的对象是党员和党组织，而官员一般指乡级、科级以上的干部，所以这个表述也是夸大了事实。

3. 低俗庸俗

这类新闻标题往往包含着“三俗”的内容，包括色情、暴力等。通过一些淫秽的、血腥的、敏感的、低俗的词语来吸引读者目光，这已经成为标题党的常用手法。

例如，《荷兰生物女老师脱衣服给正太们讲器官和骨骼》。首先，标题中用了一些较为不雅的词语。其次，女老师实际上是把外面的衣服脱掉，穿着里面绘制着器官与骨骼的紧身衣来给学生授课，而标题中“脱衣服”隐含着“不穿衣服”的意思。最后，课堂上的学生并非仅有男生，还有女生，而标题中却刻意突出“正太”一词，刻意地引导读者朝着低俗的方向联想。

4. 偷换概念

这类新闻标题往往通过更换某个词语或表达方式来偷换概念，改变新闻原意，目的在于制造出耸人听闻的效果，提高点击量。

例如，《湖北城管被村民锄头砸死 县委员号召全县学习城管》/《城管被砸死 县委号召全县学习》，原标题为《中共英山县委关于在全县开展向段金寅学习活动决定》，段金寅为城管执法大队长，在制止违法建设的过程中，被违建业主用锄头重伤后治疗无效，不幸去世。而某网站标题则用“城管”这个群体替换了“段金寅”个人，县委员号召学习“城管”而非“个人”，并且在标题前半部分仅说明“被砸死”而不交代原因，让读者产生“因为城管被砸死，所以县委号召全县学习”的错误理解，扭曲了事实。此外，标题还故意强化“村民”与“城管”的矛盾，存在着煽动读者情绪、故意引导错误舆论导向的嫌疑。

（三）警惕“标题党”

可以说，在媒体诞生的那一天，就有了“标题党”。现在很多新媒体从业者忽视甚至无视标题与内容的关系，为了提高点击量以及背后的商业利益，而成为标题党的一员。当忽视和违背新闻原则成为一种习惯时，很多“标题党”甚至不惜违背公共秩序与道德良知，肆意发挥，甚至突破了法律的底线。

2015 年 1 月 10 日，福建漳州 26 岁青年吴海雄在他经营的微信公众号“石狮民生事”上发布信息《昨晚，石狮，震惊全国！一家 34 口灭门惨案！转疯了！》（如图 3–14 所示）。文章称福建石狮一家 34 口被残忍杀害，其中一名有孕在身，并指称“犯罪嫌疑人”逃往北流方向，“警方”正在进行调查，而文章结尾处附上的是一张 34 只死老鼠的图片。该条微信随即被疯狂转发引爆朋友圈。7 天后，吴海雄因涉嫌“虚构事实扰乱公共秩序”被石狮市公安局处以行政拘留 10 日。

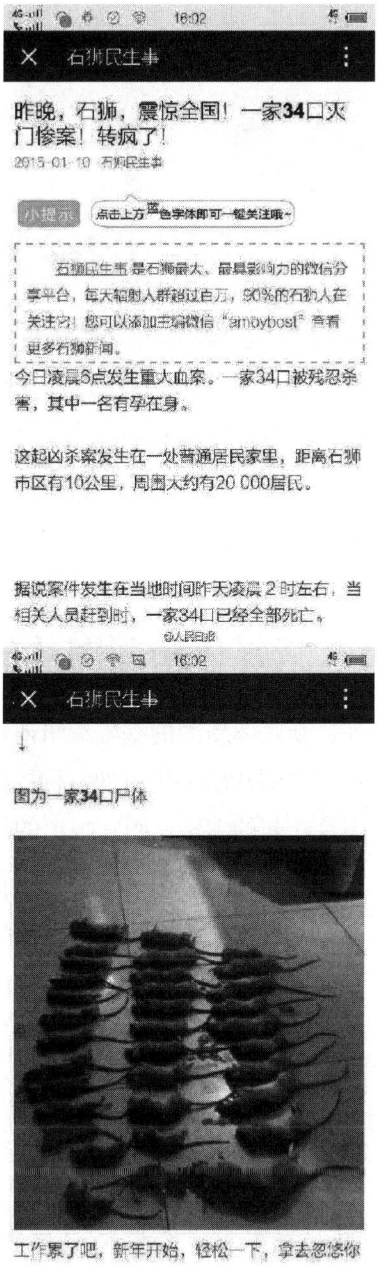

图 3–14 《昨晚，石狮，震惊全国！一家 34 口灭门惨案！转疯了！》截图

近年来，很多新闻网站都制定了相关规定，防止“标题党”的出现；几大微博、微信公众平台运营商也在逐步完善相关的规定条款。国家网信办官网也发声，严厉警示“标题党”与“图片党”。但由于现实的限制，监管方面还存在许多漏洞。巨大的商业利益与生存压力使得很多新媒体编辑依然坚持做一名“标题党”。

所以，要想真正地杜绝“标题党”，除了不断完善外部相关监管机制、规范市场竞争，还要强化每一位媒体编辑的内在意识。从每一个新媒体编辑自身做起，警惕“标题党”，拒绝“标题党”。

背景延伸

2015年10月9日，国家网信办官网发表《“标题党”“图片党”该收手了》一文，严厉警示“标题党”“图片党”。文章表示：“目前微博、微信标题和图片的乱象已引起相关管理部门与社会的广泛重视。‘石狮灭门惨案’中涉事男子因虚构事实扰乱公共秩序受到了应有的处罚，同时该案件也将‘标题党’推向台前，并对这一群体发出了严厉的警示：标题党、图片党们如继续不顾公共秩序、道德良知肆意发挥，一旦突破法律底线，恐怕悔之晚矣！”。

第四节　新媒体新闻图片的编辑

除了对新闻文本的编辑之外，新媒体新闻的基础编辑还包括对图片的编辑。但在这一节中，对图片编辑的说明仅包含新闻图片的编辑，即对标题图片与新闻内容中的插图、配图予以说明，而不涉及专门的图片新闻的编辑、图片报道的策划与制图方面。

一、标题图片的编辑

标题图片，即在新媒体首页显示的、配发在标题旁的图片，主要用于辅助标题说明文章、吸引读者目光。“标题图片”也称“头图”“题图”或“标题图”。如图3–15所示，《日本忧慰安妇申遗成功 称教科文经费让中国给》《中国富人热衷赴美打猎 花500万美元买直升机》以及《改个燃气管道，要这么多钱？》三篇新闻，均在标题旁配发了相应的标题图片。

图3–15　腾讯新闻网站的首页截图

（一）标题图片的功能

具体来说，标题图片的功能主要有以下四种：

1. 揭示内容

标题图片最基本的功能在于辅助标题，共同揭示和说明新闻内容，让读者可以通过标题图片，生动形象地了解到这篇新闻的主题与内容。

2. 重点突出

出于对版面容量与整体设计等的考虑，并不是所有新闻都会配发标题图片。而配发了标题图片的新闻，则可以在所有的新闻中突出重点，让读者一眼就注意到。

案例精选

如图 3–16 所示，《外媒因何造谣辽宁舰打击叙利亚：让中国也陷泥潭》这一篇新闻因为配发了标题图片，使得它相较于其他同位置的新闻更为突出，更能快速地吸引读者的注意。

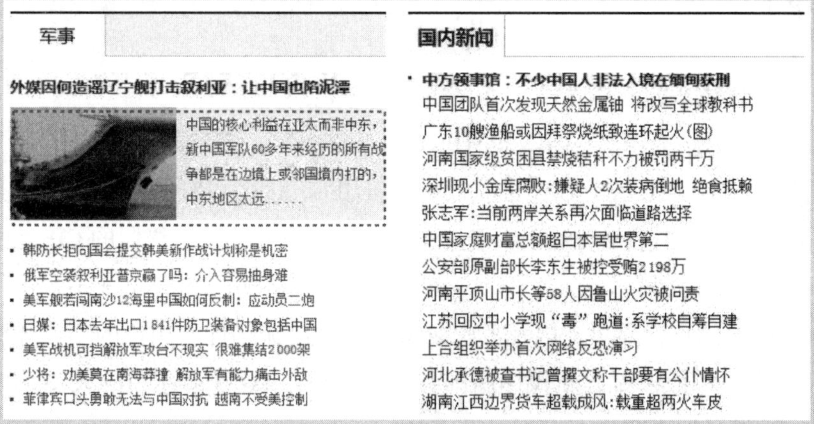

图 3–16　某新闻网站的首页截图

3. 吸引读者

当下，人们更习惯于阅读图片而非文字，图片比文字更能刺激人们的感官。所以，标题图片很大的一个功能在于吸引读者的目光，刺激读者的感官，进而提高新闻的点击量与阅读量。

4. 美化版面

标题图片还承担着美化版面的作用。在新媒体新闻的呈现页面上，如果只有标题文字，页面会显得十分单一、乏味，缺乏审美意味，读者的阅读体验不佳，很难吸引读者的目光。而相应地在标题旁配发标题图片，则可以起到美化版面的作用，让新媒体的整个新闻页面更“可读”“悦读”。

（二）标题图片的选择

在具体操作中，选择标题图片需要注意的是：

1. 内容层面

（1）首先，要选取与事实最贴近的图片。

标题图片需要强调新闻性，要选择与新闻事实最贴近的图片，要让读者看到图片之后能够大概了解这篇新闻的主要内容。

（2）其次，要选取主题鲜明、最有冲击力的图片。

标题图片应当主题鲜明，图片中要有吸引注意力的主题。并且这个图片的内容应当是最有冲击力的，能够第一时间抓住用户的眼球。

（3）最后，选择的图片构图要清晰，画面要简洁。

标题图片一般来说不会太大，所以不应当选择那些元素过于丰富、画面过于繁杂的图片，而是应当选择有清晰的构图与简洁的画面的图片，这样在标题图片的大小限制内才会有一个最好的呈现效果。

2. 技术层面

（1）注意图片格式的选择。

图片的格式很多，有 JPG、GIF、PNG、PSD、bmp 等。在新媒体上特别是网页上，一般来说使用的只有 JPG、GIF、PNG 三种。其中首推 JPG，因为 JPG 容量相对较小且色彩呈现效果优秀。GIF 多为动图或是有透明效果的图片。PNG 则相当于升级版的 GIF，很少使用。

（2）注意图片的大小。

为了保证图片的正常显示，以及考虑到整个页面的流畅性与用户的阅读体验问题，标题图片不宜过大。一般来说，新媒体新闻首页的 400 × 300 像素左右的大图片大小不超过 120k，100 × 50 像素的小图片大小不超过 40k。

（3）注意图片的裁剪技巧。

由于标题图片有大小和比例的要求，或原图片元素过杂、表现力不足的问题，需要对原图片进行一定的剪裁。而剪裁图片则需要去除一些不必要的元素，只保留和突出最重要的部分。

3. 伦理层面

（1）不选取经过虚假处理的图片。

所使用的标题图片不能经过虚假的处理，例如，PS 或美化过的图片等。

（2）图片的使用要注重版权。

标题图片的使用要注重版权与署名权，图片必须得到相关方面的授权方可使用。如果原图片中标记有图片来源的 LOGO，在未经许可的前提下，不得将 LOGO 除去。

（3）不使用“三俗”与血腥、暴力、色情的图片。

标题图片不能为了吸引眼球、刺激感官而选取血腥、暴力或色情的图片。

二、新闻内容图片的编辑

新闻内容图片，即新闻内容中的插图、配图。在一篇新闻稿件中，文章内容为主，图片为辅，主要选择使用相关事件图片为文章内容做补充说明，增加稿件的可读性与表现力。例如，《日本公明党首转交安倍亲笔信 邀习近平明春访日》（如图 3–17 所示）这篇新闻中，前两幅图片即为新闻内容图片，主要起到补充说明与增加可读性的作用。

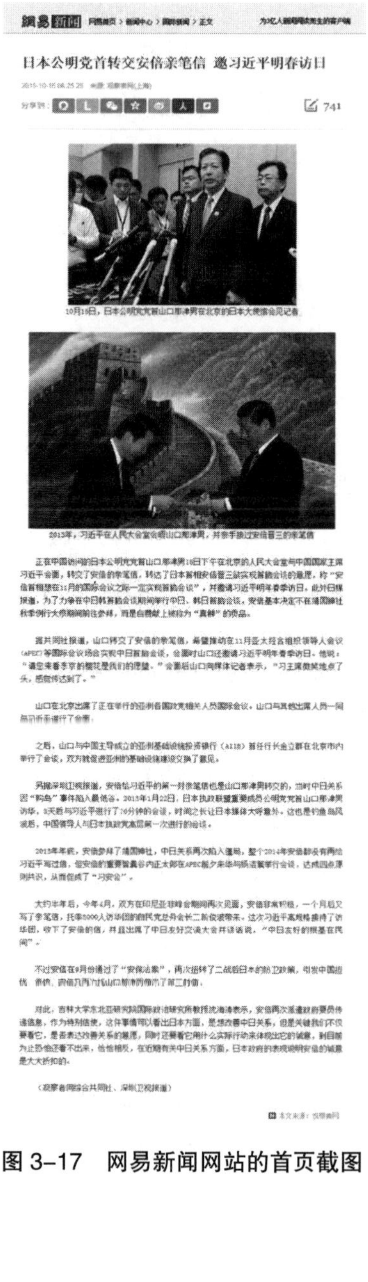

网易新闻　网易首页 > 新闻中心 > 国际新闻 > 正文

日本公明党首转交安倍亲笔信 邀习近平明春访日

2015-10-16 06:25:25　来源：观察者网(上海)

分享到：　741

10月16日，日本公明党党首山口那津男在北京的日本大使馆会见记者

2013年，习近平在人民大会堂会晤山口那津男，并亲手接过安倍晋三的亲笔信

正在中国访问的日本公明党党首山口那津男16日下午在北京的人民大会堂与中国国家主席习近平会面，转交了安倍的亲笔信，转达了日本首相安倍晋三就实现首脑会谈的意愿，称“安倍首相想在11月的国际会议之际一定实现首脑会谈”，并邀请习近平明年春季访日。此外日媒报道，为了力争在中日韩首脑会谈期间举行中日、韩日首脑会谈，安倍基本决定不在靖国神社秋季例行大祭期间前往参拜，而是自费献上被称为“真榊”的供品。

据共同社报道，山口转交了安倍的亲笔信，希望推动在11月亚太经合组织领导人会议（APEC）等国际会议场合实现中日首脑会谈，会面时山口还邀请习近平明年春季访日。他说：“请您来看春季的樱花是我们的愿望。”会面后山口向媒体记者表示，“习主席微笑地点了头，感觉传达到了。”

山口在北京出席了正在举行的亚洲各国政党相关人员国际会议。山口与其他出席人员一同[illegible]进行了会面。

之后，山口与中国主导成立的亚洲基础设施投资银行（AIIB）首任行长金立群在北京市内举行了会谈，双方就促进亚洲的基础设施建设交换了意见。

另据深圳卫视报道，安倍给习近平的第一封亲笔信也是山口那津男转交的，当时中日关系因“购岛”事件陷入最低谷。2013年1月22日，日本执政联盟重要成员公明党党首山口那津男访华，3天后与习近平进行了70分钟的会谈，时间之长让日本媒体大呼意外。这也是钓鱼岛风波后，中国领导人与日本执政党高层第一次进行的会谈。

2013年年底，安倍参拜了靖国神社，中日关系再次陷入僵局，整个2014年安倍都没有再给习近平写过信，但安倍的重要智囊谷内正太郎在APEC前夕来华与杨洁篪举行会谈，达成四点原则共识，从而促成了“习安会”。

大约半年后，今年4月，双方在印尼亚非峰会期间再次见面，安倍非常积极，一个月后又写了亲笔信，托率3000人访华团的自民党总务会长二阶俊博带来。这次习近平高规格接待了访华团，收下了安倍的信，并且出席了中日友好交流大会并讲话说，“中日友好的根基在民间”。

不过安倍在9月份通过了“安保法案”，再次扭转了二战后日本的防卫政策，引发中国担忧[illegible]山口[illegible]了第三封信。

对此，吉林大学东北亚研究院国际政治研究所教授沈海涛表示，安倍再次派遣政府要员传递信息，作为特别信使，这件事情可以看出日本方面，是想改善中日关系，但是关键我们不仅要看它，是否表达改善关系的意愿，同时还要看它用什么实际行动来体现出它的诚意，到目前为止恐怕还看不出来，恰恰相反，在近期有关中日关系方面，日本政府的表现说明安倍的诚意是大大折扣的。

（观察者网综合共同社、深圳卫视报道）

本文来源：观察者网

图 3–17　网易新闻网站的首页截图

（一）新闻内容图片的功能

新媒体新闻内容图片主要有三个功能：

1. 生动形象地还原新闻现场

在事件呈现上更具有直观性是图片相较于文字所具有的天然的传播优势，新闻内容图片能够更加生动形象地还原和展现新闻现场，弥补文字抽象性的不足。

2. 补充说明新闻内容

除了形象地还原现场外，新闻内容图片还起到补充说明新闻内容的作用。新闻内容图片可以用来展现文字中没有体现的细节或场景，让新闻事件得到补充说明及更多元的呈现。

3. 增强文章的可读性

新媒体新闻内容图片的使用，最显而易见的就是增强文章的视觉冲击力与趣味性，让一篇枯燥的新闻变得绘声绘色，更具有画面感，从而更具有可读性，这样也更能够吸引读者的目光，进而提高点击量与阅读量。

（二）新闻内容图片的选择

新闻内容图片与标题图片不同的地方在于，标题图片基本上由新媒体编辑自行选择与编辑，而新闻内容图片大多数来源于原稿件、原媒体。因为在新媒体中，特别是新闻网站，绝大多数的新闻内容都转载自其他媒体或机构，所以文章中的图片基本上都是原新闻内容自带的，并不需要新媒体编辑进行过多的选择和编辑。

需要新媒体编辑进行图片选择和编辑的部分，主要集中于新媒体自身的原创稿件。新闻内容图片的选择原则与标题图片的选择原则大体一致，包括在内容方面贴近事实、有冲击力、构图清晰，在技术层面注重格式、大小与裁剪，以及伦理方面的原则，这里不再予以赘述。

但是新媒体新闻内容图片也有自身一些特殊的选择标准需要注意：

1. 注重图片的质量

新闻内容图片相比标题图片，对质量的要求更高。因为对新闻首页版面呈现的限制，标题图片一般都不太大，而文章中的图片则可以得到更好的呈现，所以对图片的质量要求就更高，要求图片必须足够清晰、色彩漂亮、画面富有冲击力与张力。

2. 注重图片的数量

一篇新闻中图片的数量要适中，没有或太少都缺乏吸引力，而太多则本末倒置，使得文章内容被忽视。在一篇新闻中，配发 2—3 张的图片是比较合适的，最多不要超过 5 张。

3. 注重图片的排序

图片与事件一样，也是存在顺序的，不能随意放置，而应该按照时间或事件发展、图片的内在逻辑、重要程度等方式进行排序。

现在大多数新媒体新闻网站，例如，新浪新闻、腾讯新闻等，为了保证阅读的连贯性，都习惯在正文之前就把排好序的图片都发出来，接着才是大段的内容文字（如图 3–17 所示）；当然，也有在文中相应的位置插入图片的（如图 3–18 所示）。

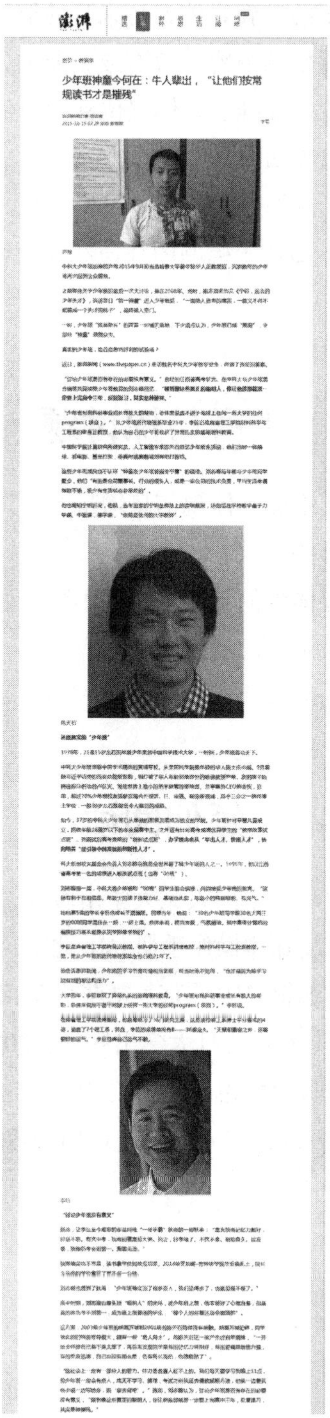
澎湃

少年班神童今何在：牛人辈出，“让他们按常规读书才是摧残”

图 3–18　澎湃新闻网站的新闻截图

要点小结

1. 新媒体新闻主要有五大来源：新媒体自行采写的稿件、转载自传统媒体的新闻、转载自其他新媒体的信息、用户提供的内容与政府或企业的公开信息。而新媒体新闻的选择主要遵循法律法规标准、新闻价值标准、媒体定位标准与信息增量标准四个标准。

2. 新媒体新闻内容的删除与改动的具体操作方式。

3. 新媒体新闻标题的功能、制作原则与具体操作方式，只做好标题，拒绝“标题党”。

4. 新媒体新闻图片的编辑，即对于标题图片与新闻内容中的插图、配图的编辑方法与技巧。

思考与探讨题

1. 新媒体新闻如何从“五个维度”体现信息增量？

2. 新媒体新闻对于编辑有哪些要求？

3. 新媒体新闻标题与传统媒体中的新闻标题的不同之处。

4. 新媒体新闻图片在新闻报道中的地位和作用。

5. 目前，新媒体新闻内容的采编存在的问题。

延伸阅读

1. 蔡雯 . 新闻编辑学 [M]. 北京：中国人民大学出版社，2006.

2. 吴晨光 . 超越门户：搜狐新媒体操作手册 [M]. 北京：中国人民大学出版社，2015.

3. 谭云明，等 . 新媒体信息编辑 [M]. 北京：清华大学出版社，2011.

4. 陈力丹 . 新闻理论十讲 . 上海：复旦大学出版社，2008.

5. 中华人民共和国国家互联网信息办公室 . “标题党”“图片党”该收手了 [EB/OL]. [2015-10-09].http：//www.cac.gov.cn/2015-10/09/c_1116764701.htm.

第四章　网络自制剧

木章要点

1. 网络自制剧的发展概述
2. 网络自制剧的特征简析
3. 网络自制剧的创作要素分析
4. 网络自制剧的发展趋势

第一节　网络自制剧是一项发展迅速的产业

要说网络自制剧的发展，就不得不从其前身“电视剧”的发展说起。1958 年 6 月 15 日，中国第一部电视剧《一口菜饼子》在当时的北京电视台（现中央电视台）开播，至今，电视剧在我国已历经了 60 个年头。在这 60 年里，电视剧从无到有，从“小众”走向“大众”。在经历多次的起起落落后，电视剧也从稚嫩变得成熟，并迎来了现在的多元发展的时期。

艺术的发展离不开技术的推动，电视剧的发展有赖于电视机在我国的普及。1979 年，全国的电视机拥有量是 485 万台，随后电视机迅速普及，走进千家万户，也改变了人们的生活习惯。人们通过电视机观剧的习惯逐渐养成，电视剧的篇幅也由短变长，其主题内容也由政治为主转向以生活为主。

进入 21 世纪，互联网的发展再次改变了人们的生活模式，这种带有强烈个性化的媒介给人们的生活带来了无限的可能。新媒体的便捷性和无限性不仅突破了时空的界限，也改变了人们坐在电视机前收看电视剧的习惯。观影的屏幕越来越多，也越来越便捷，个人电脑、平板电脑、手机等各种电子设备都能满足人们线上或线下随时观影的需求。观众不再是准时打开电视机的“沙发土豆”，他们成了发号施令的掌控者，随心所欲地使用媒介填满各种碎片时间。在这种情况下，电视剧也逐渐向“网络”这一平台靠近，“网络自制剧”应运而生。

网络自制剧是这几年兴起的新产物，根据其发展的形式大致可分为如下几个阶段：

阶段一：萌芽期（2006—2007）

关于网络自制剧的开端，现有几种说法。

第一种说法认为，网络自制剧开始于 2005 年年底胡戈恶搞电影《无极》的视频短片——《一个馒头引发的血案》。按照这种说法，早期的网络自制剧多为 UGC 模式下的用户自产短片，短片质量粗糙，以网络恶搞文化为主。

第二种说法认为，网络自制剧源于 2007 年年底《狂迷》的开播，该剧是由上海市禁毒委员会办公室与上海东方宽频传播有限公司携手打造的禁毒题材连续剧。该剧同时在搜狐网、东方宽频主站、人民宽频、MSN 中文网视频频道等网络平台播出，首开多网站播出的先河。

第三种说法认为，网络自制剧的开端是由优酷土豆自主打造的“橙色盒子”品牌剧集计划。该计划定位于“都市”“娱乐”风格，目标受众为 18—30 岁的都市青年。2010 年 10 月，该计划的第一部网络自制剧《欢迎爱光临》播出。

还有一些观点认为，网络自制剧起源于某一部具体的网络剧集，如 2006 年播出的

《赵赶驴电梯奇遇记》，其他说法就不一一列举了。

在以上几种观点中，笔者比较倾向于第一种观点。在网络自制剧的萌芽时期，它还只是由用户创作的小成本视频，随后它才渐渐演化出 PGC 模式，转向专业化。总之，网络自制剧的萌芽时期大约在 2006—2007 年期间，这个时期的网络自制剧还未成型，处在粗糙制作、篇幅短小的时期，内容也多以搞怪为主，是网络恶搞文化的代表。

阶段二：摸索期（2008—2010）

网友们在视频网站上传的 UGC 内容给各大视频网站带来了灵感，纷纷开始尝试一些专业化的自制剧创作。再加上国家监管机制对版权的维护，电视剧购买的费用逐年增加，还有传统电视剧题材的限制。种种原因使得这个时期各大网站把工作重点放在了自制剧上。

优酷土豆在 2009 年推出首部自制剧《嘻哈 4 重奏》，随后又自主打造“橙色盒子”品牌剧集计划，该计划定位于“都市”“娱乐”风格。2010 年 10 月，该计划的第一部网络自制剧《欢迎爱光临》上映，此后，又接连推出《色女郎》《非常爱情狂》等 10 部网络自制剧。土豆于 2010 年推出《Mr. 雷》和《欢迎爱光临》两部剧攻占市场，酷 6 则同步上线了《紫檀也疯狂》《新生活大爆炸》《我爱我家 2.0》等多部自制剧，乐视网也播出了《两个女孩的那些事》等自制剧。

在这个时期，各大视频网站对于自制剧项目还处于尝试和摸索的阶段，自制剧这项工作该往哪些方向发展，哪些方面又需要改进，这些都是这个时期各大视频网站探索的地方。在这种尝试阶段下出品的网络自制剧略显青涩和稚嫩，制作成本低，每一集的时间也不长。就拿《Mr. 雷》来说，它每一集只有 5—6 分钟，一共 10 集，主演也不是一线明星，总体制作水平一般。

阶段三：崛起期（2011—2013）

在经历了短暂几年的尝试后，各家视频网站都找准了自己的发展方向，网络自制剧迅速崛起，涌现出多部带有自身特点的好剧。

在这段时期，第六次网络专项行动——打击网络侵权盗版专项治理“剑网行动”于 2010 年 7 月 21 日在全国正式启动，该行动促进自制剧原创内容的进一步发展。而在之前几年的探索中，各大网站不仅得到了网络自制剧制作上的经验，也在这些项目中尝到了甜头，不仅节省了大笔电视剧版权购入的开支，也打响了自家品牌，开拓了广告等各项收入来源。于是 2011 年后，各家网站都制定了相关的计划，重点打造网络自制剧。这个时期，网站对网络自制剧的期待不再仅仅是增加流量，而变成了品牌营造。

从 2011 年开始，就不断涌现如搜狐的《钱多多嫁人记》、优酷土豆的《泡芙小姐》等优质好剧，演员和制作也逐渐向传统电视剧水准靠拢。2012 年，乐视、搜狐、腾讯等视频网站先后宣布了各自网络自制剧发展的市场部署。2012年，乐视推出了《东北往事之黑道风云20年》，该剧上线仅一周，点击量就破1亿，16天突破2亿，成绩斐然。优酷也推出脱口秀节目《晓说》，网络自制剧开始拓宽形式，向综艺节目发展。

到2013年，各家都铆足了劲制作自制剧，根据艺恩咨询的数据显示，仅乐视一家就在2013年完成了300集的自制剧制作。这期间更是出现了众多口碑好剧，比如，优酷土豆的《万万没想到》《报告老板》；乐视的《我叫郝聪明》等。这些网络自制剧的火爆程度和话题效应甚至超越了传统电视剧。

总之，在这个时期无论是因为迫于外界压力、行业竞争，还是由于处于内部转型升级，国内各家视频网站纷纷企图在自制剧上分得一杯羹。在数量的快速提升中，每部剧的质量也得到了改进。在“品牌观念”的驱动下，无论制作的成本如何，每部剧都十分注重自身特色，企图给观众带来深刻的印象。从内容上来看，这个时期的网络自制剧仍然以搞笑短剧为主，都市爱情剧也占有一席之地。

阶段四：井喷期（2014）

到2014年，网络自制剧已经历了约8年的发展。萌芽、摸索和崛起阶段都为网络自制剧的进一步发展奠定了基础，终于在2014年，网络自制剧呈现井喷之态，数量和质量双管齐下。因此，2014年又被称为网络自制剧元年，是网络自制剧发展史上的一个里程碑。

根据艺恩咨询的数据显示，2014年网络自制剧制作集数达到1 700集。在数量上升的同时，网站之间自制剧的竞争也越发激烈，品牌战、品质战逐渐打响。乐视开辟“乐视午间自制剧场”，模拟传统电视台在固定时间段播放自制电视剧，培养观众的观剧习惯。其他网站也不甘示弱，纷纷推出口碑作品。

统计数据显示，仅2014年上半年，超过千万点击量的网络自制剧达到28部。其中榜单前十位包括乐视的《超级教师》、爱奇艺的《灵魂摆渡》、腾讯视频的《暗黑者》等，它们都获得了破亿的播放量。

在突破了思维和资金限制后，网络自制剧在内容层面也不断发展，在题材上做了多元的尝试。网络自制剧不仅停留在自制电视剧的制作上，自制综艺、真人秀等节目也相继推出，如爱奇艺推出的辩论节目《奇葩说》、脱口秀节目《晓松奇谈》等。与此同时，电视剧的题材和类型也在不断拓宽，不只停留在搞笑、娱乐等内容上，悬疑、仙侠等多种内容也逐渐涉及。有校园风格的《超级教师》《匆匆那年》，灵异风格的《灵魂摆渡》，悬疑风格的《探灵档案》，到2014年，喜剧的比重已经降低到1/3。

除此之外，“正规军”也逐渐加入网络自制剧的制作，演员、导演、后期制作等各个团队逐渐走向规范化，例如，《微时代之恋》由杨幂首任制片人。

总之，在井喷期，观众的观剧习惯已经逐渐改变，网络不再是电视的备选，而“转正”成为很多观众首选的观剧屏幕。自制剧的制作越发精良，不仅足以媲美传统电视剧，甚至有赶超之势，其题材、类型的多元发展也让传统电视剧难以企及。随着各大视频网站的整合兼并，市场这块大蛋糕的瓜分之态亦逐渐明朗。网络自制剧不再只是一个商业项目，而早已悄然上升为一个庞大的产业。

阶段五：成熟期（2015后）

2015年之后，网络自制剧迎来了平稳发展的成熟期。这里所说的成熟并不是指网络自制剧已经完全进入产业化发展阶段，而是相对于之前的摸索阶段，各大网站已经知晓了网络自制剧的发展方向。

“一剧两星”政策于2015年1月1日起实施，开启了一部电视剧最多只能同时在两家上星频道播出的局面。在国家对原创版权保护越来越严厉的情况下，优质内容显得弥足珍贵。因此，各大视频网站在今后的发展中必定不会放弃自制的路线，反而会继续加大对这一方面的投入。

纵观2015年上半年的情况，网络自制剧在整个影视行业起了引领的作用，“大网剧、大综艺”的概念在各家网站扎根，并全力打造自家IP，深挖其品牌影响力。此时，网络自制剧的单集投入超过百万已成为常态，爱奇艺更是宣称对于剧集投入上不封顶。例如,《无心法师》的投资在三四千万元左右，其中特效的制作费达到了800万元。《盗墓笔记》更是每集花费了约500万元的制作成本，以其为代表的“超级网剧”已经在多个层面上超越了传统电视剧，并出现了付费观剧的新模式。我们有理由说，网络自制剧已经从量变达到了质变，网络自制剧的质量也已经告别了以往的粗制滥造，在内容、类型、题材、模式上都有了崭新的发展，且日趋成熟。

网络技术依然飞速向前发展，随着技术的更新和跃进，网络自制剧作为其上层建筑也必然会一直保持着改变和创新的态势。比如，我们2015年所看到的乐视网综艺《十周嫁出去》，该节目将社会因素与戏剧因素结合，将明星与素人结合，采用“真嫁”的噱头吸引观众；爱奇艺的《蜀山战纪》等多部人制作电视剧与传统电视剧无差别，却只在网络平台播出。这些改变与发展都是网络带来的新产物。

纵观这五个时期，网络自制剧在短短20年不到的时间里从无到有，从小成本的粗制滥造到大投入的精美制作。我们可以看到的是，这是一门基于互联网环境下诞生、发展的独特艺术，这门艺术有着传统电视剧的基因，又与之不甚相同。它有着自身的特性，并保持着不断地发展。

第二节　何为网络自制剧

网络自制剧迅猛发展已毋庸置疑，在如此快速的发展中，网络自制剧的形态、样式、特征都在不断发生着改变。那么，该给网络自制剧下何种定义呢？又该用什么样的遣词造句才能准确描述网络自制剧呢？这些都成了有待探讨的问题。

一、网络自制剧的定义

要说清楚网络自制剧是什么，首先就得把它拆解开来一一解析。网络自制剧中包含了三个元素，第一个是“网络”，第二个是“自制”，第三个是“剧”，三者的有机结合构成了网络自制剧。

首先说“网络”。“网络”又被称为“因特网”，是以一组按照通信协议相连的巨大系统，网络与网络之间所串连成的庞大网络覆盖全球，在这个网络中有各种不同的网络设备、连接链路，还有种类繁多的服务器和数不尽的计算机、终端。互联网使得信息可以瞬间发送到千里之外的人手中，它奠定了信息社会的基础。

其次说“自制”。顾名思义，“自制”指的是自行制订、自己制造的意思，强调的是原创性和主观性。将此概念放在网络自制剧中，也就是指网络自制剧由某网站自行制作，强调其原创性。

最后说“剧”，也就是电视剧。电视剧是一种适应电视广播特点、融合舞台和电影艺术表现方法而形成的艺术样式。它兼容了电影、戏剧、文学、音乐、舞蹈、绘画、造型等现代艺术的诸多元素，然后利用电视技术制作并通过电视网放映。电视剧一般分单元剧和连续剧。“剧”的概念显示出网络自制剧的本质，其前身为电视剧，并继承了电视剧的基本特征。

因此，将以上三个特点有机结合，我们可以认为，网络自制剧是由视频网站、门户网站等网络平台自行制作、发行、播出的原创剧集节目。其中网络是平台，也是与传统电视剧的最大区别；原创是原则；剧集是内容。在网络自制剧中，节目内容除了传统电视剧剧集，还包含自制综艺等，范围较传统电视剧更为宽泛。

网络自制剧正在不断地发展之中，其内涵和外延也将会随之改变。就目前而言，大型的优质网络自制剧多由爱奇艺、腾讯视频、搜狐视频、优酷视频等大型互联网公司制作，其竞争也主要集中在这几大网站之间。

二、网络自制剧的特征

我们一直在说网络自制剧是一个新生的并处在变化中的事物，它的概念里涵盖了三个方面。那么在了解了网络自制剧是什么之后，我们有必要进一步地了解这个事物的特征，来帮助我们更好地熟悉它。

同网络自制剧的定义一样，要探讨它的特征，就需要充分考虑到它所涉及的三个部分，也就是“网络”“自制”和“剧”，尤其是“网络”和“自制”这两个独特部分。考虑上述因素后，可将网络自制剧的部分特点归纳如下：

（一）自带娱乐化属性

纵观网络自制剧的发展脉络，从最初的恶搞文化开始，就奠定了网络自制剧的娱乐基调。即使发展到现在，网络自制剧的形式已经呈现丰富多样的态势，所选的题材也渐渐拓宽，但喜剧片仍然有着不可撼动的地位。

根据速途研究院 2014 年上半年网络自制剧市场分析报告显示，在 2014 年上半年的网络自制剧中情景喜剧占 31.42% 的比例，位居榜首；之后两名是青春偶像剧和都市情感剧，分别占 17.14% 和 13.19% 的比例；再往后是励志剧、悬疑剧、科幻剧、穿越剧等。从数据中我们可以看到，网络自制剧的题材除了喜剧，已经涵盖了校园、都市、悬疑、奇幻等各个题材，可以说大有比肩传统电视剧之势。但是，表面上看起来丰富多样，实际上这些题材都没有跳脱出娱乐的范畴，尚未出现历史、政治题材的正剧。

这一点与网络的特性分不开，网络打破了时空的界限，填满了人们的碎片化时间。在这些被打碎了的时间里，人们往往需要一些轻松活泼的内容来缓冲一下紧张的生活，因此，娱乐化的内容更容易得到受众的喜爱。同时，娱乐性的内容系统性较弱，对逻辑的严密没有要求，对呈现形态、剧集长短都没有硬性要求，且更好通过审查，综合这些原因，就不难解释为何网络自制剧几乎都是以娱乐题材为主了。

网络自制剧的娱乐化属性决定了网络自制剧的深度。在这个充斥着快餐文化的互联网时代，看过就忘成了常态，网络自制剧常常被用来打发时间，也鲜少有制作者会从意义层面上来思考一部网络自制剧。可若仅仅满足于娱乐层面的辉煌，注定不是长久之计，毕竟没有人愿意几十年如一日的吃快餐。因此，如何突破其自带的娱乐属性恐怕是网络自制剧今后发展不可避免的议题之一。

（二）产品思维占主导

网络自制剧的“自制”属性表明了网络自制剧是各大网站或影视公司自行制作的，那么追求它的市场价值则成了制作公司的首要目标。一部优秀网络自制剧的衡量标准往往是点击量的多少、话题度的高低等市场指标，而不是其艺术价值、内涵意义等内在标准，这一点不仅与互联网这个平台有关，也与其自身发展、受众的需求有关。

首先，互联网是一个比所有传统媒体都更加庞大的系统，它提倡受众的个性化使用，受众可根据自身需求在互联网上获取资源，也就是说在这个过程中受众占有主动权，而网络产品则是被搜索的。互联网公司只能根据受众的搜索行为将其细分成多个种类，在制作一部网络自制剧时，提前估测其目标受众是哪一类，然后根据该群体的喜好制作网络自制剧，这样制作出来的网络自制剧更像一个带有特殊功能的产品，而不是一个独立的艺术品。其次，互联网对于视频网站、影视制作公司来说也是一个相对开放的市场，市场上竞争激烈，公司自负盈亏，市场逐利性和竞争的压力也让各大制作公司不得不以产品思维为主。

从网络自制剧自身情况来说，与传统电视剧、电影等艺术形式相比，网络自制剧的发展时间较短，产业相对不成熟，制作、宣发等各个环节还处在摸索阶段。而且网络自制剧发源于恶搞文化，其本质就是草根文化的狂欢。在这种情况下，鲜有人愿意冒大风险去探索其更高的艺术价值，也鲜有人觉得这是一项高雅的艺术。于是，网络自制剧长期停留在满足受众需求的产品阶段，未能向更高层次迈进。

从受众需求方面来说，我们上面提到过，有很大一部分受众利用网络来放松身心，打发碎片时间。在这个过程中，网络自制剧只是被受众当作一个能令人愉悦的产品，并不关心其内涵、意义以及是否能从中获得启示。

因此，当制作公司把网络自制剧当成一个盈利产品，受众群体把网络自制剧当成一项功能产品时，说产品思维在网络自制剧中占主导地位也就不难理解了。

（三）热点和创新两手抓

“热点”指的是广大受众关注的新闻、信息或问题。网络出现后，这一概念被引入网络，出现了“网络热点”的概念。网络热点相较于其他社会热点来说更强调时效性，常常突然出现又转瞬即逝。

我们在上文强调了网络自制剧的产品思维和趋利性，那么紧跟网络热点制作网络自制剧无疑是一个省事省力又省钱的做法，并且对提升点击率也非常有帮助。这一做法已经被各家网站广泛运用，比如，在韩剧《来自星星的你》爆红时期，爱奇艺就顺势推出网剧《你好外星人》和《来自星星的继承者们》，均吸引了不少原作的粉丝，在短时间内获得了不错的点击量。

互联网更新了人们生活的方方面面，在这个开放的平台上每天都会出现新鲜的创意和点子，就连网络自制剧也是互联网时代的创新产物。有趣的是，网络自制剧在产生后从未停止过探索和创新的脚步。首先在制作上，最开始网剧只是粗制滥造的小成本制作，发展到现在已经普遍是上百万上千万一集的大制作，而且还在不断探索 3D 等新形式。其次在内容上，从最开始只是单纯恶搞，到现在已经发展到包括喜剧、爱情、都市、悬疑、科幻等多项内容，还有一些传统电视剧无法涉及的内容。再次在播出方式上，与传统电视剧相似的日播、周播出现后，现在又渐渐出现了付费提前看的方式。最后在盈利模式上，传统的电视剧主要是靠卖版权盈利，其制作和播出是不同的单位，但是网络自制剧是网站自行制作的，其制作和播出是同一公司，它的盈利主要是靠广告挣钱，现在逐渐开辟出会员制看片的模式，靠收取会员费实现整个公司的盈利。

这几点共同显示出网络自制剧在各个方面的弹性都非常大，并且它仍然会在今后的发展中保持着不断创新这一特点，我们也期待网络自制剧会继续给我们带来惊喜。

除了上述列举的这三个网络自制剧与其他艺术形式所不同的核心特点外，网络自制剧还有着剧集内容单元化、病毒营销常态化、受众群体年轻化等特点，这些特点都从不同的方面体现出网络自制剧的独特性，也帮助大家更好地理解网络自制剧的样貌。不过，正如上文中反复强调的，网络自制剧在不断地更新中，且更新十分迅速，这些特点是否会一直存在，还是在其发展的某个阶段中悄然消失也未可知。总之，一切都应从实际出发，切不可盲目照搬。

第三节 网络自制剧的创作要素

在了解了网络自制剧的历史脉络和定义特征后，在创作层面上又有哪些要素是其独有的呢？本节我们就从网络自制剧的内部出发，分析其内在的创作要素。主要内容包括网络自制剧的类型、优劣势、传播方式、创作方法四个部分，最后再具体分析几个典型的网络自制剧以印证上述观点。

一、网络自制剧的类型

经过这些年的发展，网络自制剧已迈入成熟期，对市场上样式繁多的网络自制剧进行一次分类有助于我们在创作时搞清楚门类，不至于摸不着头脑。

那么，该按照何种标准来进行分类呢？如果按照网络自制剧的形式来分，可分为网络自制电视剧和网络自制综艺两大类；如果按照网络自制剧的内容生产方式来分，可分为网站自制和版权购买两大类；如果按照网络自制剧的题材来分，可分为当代题材、现代题材、近代题材、古代题材等多种类型；如果按照网络自制剧的故事内容来分，可分为喜剧片、都市片、科幻片、悬疑片等多种类型；如果按照网络自制剧的长短来分，可分为多季度长篇幅和单季度短篇幅两大类。因此，按照不同的方式可将网络自制剧进行不同的划分，笔者在这里主要跟大家介绍两种分类方式下的网络自制剧。

（一）按照网络自制剧的内容生产方式分类

1. 网站自制

网站自制指的是网站自主研发创意、自行制作内容的形式，这种形式在发展中又可分为两类，一类是 UGC，一类是 PGC。

UGC，是英文 User Generated Content 的缩写，指的是“用户原创内容”，即“用户将自己原创的内容通过互联网平台进行展示或者提供给其他用户”。这一概念是伴随着网络 2.0 兴起的，其特点是提倡个性化和交互性。它只是一种用户使用互联网的新方式，即由原来的以下载为主变成下载和上传并重，用户在网络上既是网络内容的浏览者，也是网络内容的创造者。

这一方式在视频网站上被大量运用，且各大视频网站均支持用户上传自己的精品创作。拿优酷视频来说，UGC 不仅是其自创始之初就有的方式，而且在优酷视频发展之中也一直对它保持着大力的支持。从支持 UGC 的内容与流通，到支持 UGC 作者，再到打造 UGC 品牌，UGC 的发展得到了不断加码。在 2013 年，优酷和土豆分别推出“优酷分享计划”和“土豆播客分成计划”，网站根据比例与创作者进行广告分成，像“暴走漫画”这类 UGC 创作大户，早就迈入了优酷视频“百万富翁”的阵营。这样的环境也吸引了大量“90 后”的优秀新生力量，如搞笑类的《Big 笑工坊》、资讯类的《“90 后”的秀》等。

UGC 的方式保证了网站内容的多样性，源源不断的内容来自民间，在宣传作者的同时也宣传了网站平台，可谓一举两得。

PGC，是英文 Professional Generated Content 的缩写，它又被叫做 PPC，即 Professionally-produced Content。PGC 在视频网站领域指的是“专业生产内容”，它是 UGC 的升华。现在专业视频网站大多采用 PGC 模式，它的特点是将传统融入网络，即它的内容按照与传统电视节目几乎无异的方式进行制作，但在播出时必须按照互联网的传播特性进行调整。

同样拿优酷视频举例来说，优酷视频让 PGC 内容合伙人参与进来，并建立起完善的 PGC 生态系统，旨在为 PGC 内容合伙人持续提供良好的服务。平台相继推出的《罗辑思维》《飞碟说》等多个节目的频道订阅数近百万。“数据显示，优酷 PGC 生态系统已拥有 500 家内容合作伙伴，总节目数 800 个，总播放量 150 亿，总分成达 2 400 万。”

再拿腾讯来说，2015 年 3 月 6 日，腾讯在与无人机厂商合作推进航拍视频发展之后，宣布将联合万合天宜、暴走漫画等内容提供商，启动“惊蛰计划”，计划在 2015 年内签约、支持 100 个 PGC 项目。

PGC 的方式保证了内容的专业性和高质量，充分集结了民间力量和专业力量，对项目打造和网站的品牌性有很大的帮助，是各大视频网站今后着力发展的重点。

2. 版权购买

版权购买指的是网站购买现有的 IP 版权，包括小说、戏剧或已拍过的电视剧进行网络自制剧版的拍摄，这种形式在 2008 年后兴起，并在 2010 年左右发展为各大网站的版权争夺战。这种类型的优势是能直接将原作已有的粉丝吸引过来，有一定的市场熟悉度。爱奇艺的《盗墓笔记》、搜狐视频的《匆匆那年》等都是这种类型的代表。

（二）按照网络自制剧的故事内容分类

1. 喜剧

喜剧指“以笑激发观众爱憎的影片”“多以巧妙的结构，夸张的手法，轻松风趣的情节和幽默诙谐的语言，着重刻画喜剧性人物的独特性格”。喜剧的作用除了给观众带来愉悦心情之外，也希望借助故事歌颂美好，鞭打邪恶，给人以教育。

喜剧是网络自制剧中的第一大种类，甚至可以说网络自制剧的发端就是从喜剧开始的。喜剧发展到2014年热度仍然不减，从速途研究院对2014年上半年网络自制剧的统计来看，喜剧以31.42%的占有率稳居第一。这些年脍炙人口的网络自制剧也多有喜剧的身影，比如，《万万没想到》《报告老板》等。纵观整个行业，喜剧算是网络自制剧中较为成熟的种类，其中叫好又叫座的作品也层出不穷。

2. 都市情感剧

都市情感剧以都市生活为背景，展现主人公在生活中发生的悲喜故事，尤其以情感为剧中主要纠葛，在整个过程中体现小人物的情感变化、成长经历、人物性格以及大时代的特点。都市情感剧是当代历史中的特有题材，其特点是贴近生活、现实性强、与情感联系紧密。

都市情感剧的逐年兴起与我国社会的发展密不可分。在2014年上半年中，都市情感剧以13.19%的占有率位居第三。各大视频网站也都推出了此类网剧，比如，乐视网的《我叫郝聪明》，讲述了一个年轻人在职场奋斗并最终收获爱情的故事；优酷出品的《曾经想火》，讲述了一位中国姑娘梦想着当名模，到法国漂泊的故事。都市情感剧的受众广泛，受众的年龄跨度大，似乎人人都对大城市里小人物的奋斗史充满着兴趣，这也是都市情感剧越发火爆的根源。

3. 青春偶像剧

青春偶像剧主要讲述青少年学习、奋斗、成长的故事，通常在男女主角的成长中伴随着青涩的爱情萌芽。其特点是主演一般为年轻的俊男靓女，剧情上有浪漫的情节，极具巧合性。其主要受众是以青少年群体为主的心理年龄较小的观众。

青春偶像剧有一部分改编自网络小说，近年来不乏优质作品。比如搜狐视频在2014年推出的网络自制剧《匆匆那年》，描述了“80后”一代人的情感与生活历程，还原了“80后”一代人对青春最美好纯真的回忆，该剧荣获2014年横店影视节最佳网络剧奖。还有爱奇艺制作的《白衣校花与大长腿》，讲述了一段发生在校园中的“灰姑娘和王子”的错综复杂的爱情故事。此外，腾讯的《腾空的日子》聚焦大城市的高三学生生活以及艺术生考试，展现了“90后”中学生在高三最“黑暗”日子里寻找“光明”的故事。这类剧主要的看点在于主演们的高颜值，以及剧情中散发的青春活力的气息。这类剧是不少年轻观众的生活压力调节剂。

4. 悬疑剧、玄幻剧、科幻剧等

将悬疑剧、玄幻剧、科幻剧三种类型剧归为一类是因为这三种类型剧都具有与现实生活迥然不同的特点，它们通常在剧中讲述这样或那样的不同寻常之事，故事中多出现妖、魔、鬼、怪等角色，或者超自然的神秘现象。这类剧常常需要大量的后期特效制作，因此，在衡量这种类型剧的质量时，常常会考虑后期特效的制作水平。在网络自制剧发展的初期，由于制作成本低，特效制作十分粗糙，这些雷人特效被网友戏称为“5 毛钱特效”。随着投入加大，现在的特效已经制作得越来越逼真。

这类剧大量改编自热门网络小说，其本身的大 IP 就为网剧的收视奠定了基础。比如，搜狐视频和唐人影视联合出品的《无心法师》，改编自作者尼罗同名作品。该剧讲述了拥有不老不死之身的无心带领除邪团队，一路与恶人奸邪斗智斗勇的故事，该剧在第二届文荣奖中荣获“最佳网络剧”。再比如，爱奇艺制作的《盗墓笔记》，改编自南派三叔所著的同名小说，讲述了五个主要角色进入古墓探险的故事。该剧采用季播形式，单季投资突破 6 000 万。

这类剧在数量上呈现上升趋势，并且几乎每一部都获得了超高点击量，可见有相当一部分网民深爱此类剧。

二、网络自制剧的优劣势

网络自制剧由网络恶搞视频演化而来，又承袭了传统电视剧的大部分特点，再加上网络播出平台的特点，网络自制剧有着与网络视频、传统电视剧所不同的优势和劣势，接下来我们具体分析其优劣势。

（一）网络自制剧的优势

1. 网络平台优势

相较于传统的电视剧以电视作为播放平台，网络自制剧的播放平台为网络，这是网络自制剧的核心特点，也是其最大的优势。网络比起电视来说，传播的范围更广、传播的速度更快，且具有不受时间和空间的限制，可随时随地观看的优势。网络传播具有裂变性和多维性，一部网络自制剧在网上传播时通常可以实现多对多、一对多、多对一、一对一多种形式的同时传播，传播像病毒一样快速。而且网络社区可提供给喜爱某部网络自制剧的粉丝迅速集结的场所，也可以供网站进行多维度的宣传，贴吧、微博、天涯等平台都可以供网站推广网剧，形成粉丝集群。

2. 双品牌互推优势

由于网络自制剧的制播一体化特征，网络自制剧可以很好地实现创意内容与产品营销的深度整合。从生产到播出的整体风格统一，可帮助网站塑造自己的品牌。网站品牌树立后，受众对网站的整体印象又很容易转移到他们对网络自制剧的第一印象上。这样一来，好的网络自制剧可以为网站树立品牌，树立了品牌后又能为该网站以后的网络自制剧打下粉丝基础，实现良性循环。对比传统的电视剧，由于传统电视剧的制作和播出是不同的制作单位，彼此之间没有硬性联系，很难达到相互促进的效果。

3. 有效降低资金风险

第一，网络自制剧有大数据的支撑，策划之前可以优先参考用户数据，提升策划的科学性和准确性，降低后期赔本的风险。第二，网络自制剧的制作弹性很大，往往采用季播的方式，每一季制作的集数不多，制作周期短，可随时调整方向。第三，网络自制剧的核心收入为广告收入，同时多种盈利模式并存，比如网站的整体广告收入、收费会员等等，更有网络自制剧开辟第一季打口碑，第二季挣钱的盈利模式。总之，网络自制剧的盈利模式多样，比起传统电视剧的单一模式来说，投入的资金更有保障。

4. 更好迎合受众口味

互动性是网络的核心特点之一，这也是网络自制剧相比于传统电视剧的优势之一。观众不再是单纯地被动观剧，而是主动参与网络自制剧的制作，并推动网络自制剧的剧情发展。这种新型的平等交互关系能帮助网站更好地调整网络自制剧的制作方向，把握剧集的质量。比如，网站可以通过点击量和网友反馈意见来了解观众的喜好，在今后的制作中进行改进。网站还可以在前期向观众征集创意，随后再进行网络自制剧的制作。比如，土豆网的“六号仓库”就是一个专门向网民征集好的创意、剧本的平台。而传统的电视剧难以实现实时沟通，只能在播出以后得到反馈，这中间可能存在好几年的时间差。

（二）网络自制剧的劣势

1. 先天的市场趋利性

我们在上文的特性中提到过，“产品思维”在网络自制剧的生产制作中占主导地位，也就是说，网络自制剧生来就只是一个为网站挣钱的“产品”，其市场价值是网站制作网络自制剧的首要目标。这样一来，网络自制剧的质量就无法被摆在第一位，当质量与利益冲突时，质量就会被舍弃，这也是为何这些年来网络自制剧一直存在着质量参差不齐的现象。再加上网络的准入门槛低，我们经常会在网络上看到一些内容恶俗、制作粗糙、虎头蛇尾的网络自制剧。虽然传统的电视剧也是一项买卖的产品，但由于其基本标准比较高，质量相对来说有一定的保障。

2. 后天的艺术匮乏性

艺术性、娱乐性以及商业性是否能够并存呢？答案是肯定的，但是需要三者的有机结合并且以艺术性为先。可是我们在上文中已经多次赘述了网络自制剧的娱乐性以及商业性，且网络自制剧以追求利益为先，这就让剧的艺术性被放在了最末端。并且整个行业尚未成熟，一两部精品网络自制剧并不能扭转人们对整个行业的印象，因此，也鲜少有艺术家以网络自制剧作为自己艺术追求的形式。先天不足又没有后天的持续发力，网络自制剧能否在今后的发展中改变这一现象，我们只能拭目以待了。而传统的电视剧虽然不及电影的艺术性高，但经过多年发展并且有质量把关的情况下，其在艺术上的成就还是高于网络自制剧的。

3. 欠缺的成熟产业链

整个网络自制剧产业的发展时间不长，产业的各项机制也不够成熟，还有一些环节仍处于摸索阶段。尽管这些年网络自制剧的各个方面发展迅速，但是离整个产业的成熟还相距甚远。虽然网络自制剧的质量每年都在提升，其中也不乏制作精良、口碑良好的网络自制剧，但仍然有大部分网络自制剧粗制滥造，只追求短期的盈利和网络的爆红。因此，就现在的状况来看，距离网络自制剧整个产业的成熟还有相当长的一段路要走。而传统的电视剧产业经过了多年发展已经较为成熟，各项环节都有质量的保障。

三、网络自制剧的创作因素

剧本是一种文学形式，是戏剧艺术创作的文本基础，它主要由台词和舞台指示组成，并用代言体的方式来表现故事的情节。剧本是舞台表演或拍戏的必要工具之一，是剧中人物进行对话的参考语言，其写作的最终目的是为了表演。一个好的剧本，绝不是死板和盲目的，它需要根据不同的演出形式、舞台、演员等实际情况做出相应的修改，最终目的是适合当下的演出。

网络自制剧是网络平台上播放的由网站自行制作的“剧”，其落点在“剧”上，因此，一部好的网络自制剧离不开一个优秀的剧本。网络自制剧的剧本在整体上与传统电视剧的剧本并没有太大区别，剧本的结构、格式都无两样，但是诚如上文所说，好的剧本一定会针对现有状况进行修改，无论多么好的网络自制剧剧本都一定是具有其独特之处的。

1. 为网站量身定做

就传统的电视剧剧本来说，怎样讲好一个故事是其写作的关键点。只有拍出了吸引人的故事才能帮助整部片子卖出高价。但是对于网络自制剧的剧本来说，在讲述好一个故事的同时，还需要考虑整个剧本与网站整体风格的统一性。在前期策划时就需要根据网站的品牌定位和营销需求初步确定剧本的题材和方向。如果有广告，还需要考虑广告植入的空间和方式。

2. 创作门槛低

网络自制剧相对于传统的电影、电视剧来说，拍摄标准和准入门槛稍低，但传播的效率却很高，这就吸引了众多编剧参与到网络自制剧剧本的创作中。他们中有的是职业编剧，有的只是业余兼职的编剧，还有的是网络写手等其他职业的人，在这个行业中英雄不问出处，只要你能写出好的本子，市场就会认可你。因此，网络自制剧良好的市场前景以及较低的创作门槛，势必会吸引到更多有才的编剧。

3. 修改弹性大

制播一体的体系为网络自制剧的剧本修改提供了很大的便利，网站可以在网络自制剧播出后迅速得到受众的反馈，再根据反馈对后期的剧本进行修改，以达到最大限度地迎合受众。这点对传统的电视剧来说难以实现，毕竟拍摄一部电视剧所消耗的人力、物力都十分庞大，整个剧组没有时间和精力来等待受众的反馈，只能按照既定的剧本拍摄。

四、表演

表演是一门艺术，它是演员通过肢体动作、表情来塑造形象、传达情绪、表现生活的艺术。单就影视剧的表演来说，演员通过荧幕间接地与观众交流，在摄像机前进行表演，荧幕上的最终形象则是经过后期蒙太奇等手段处理过的再创造。因此，影视剧的表演既要求演员有真切、自然、生活化的表演，还要求演员具有镜头感以及对于非连续创作的适应。

对于网络自制剧来说，演员所表演的荧幕从电视屏幕变成了电脑屏幕、手机屏幕等大小不一的移动屏幕，人们也不再被动地收看影视剧，而是主动搜寻自己想看的剧。在这种情况下，网络自制剧的表演必须进行适当的调整，其独特之处如下：

（一）夸张化

在收看电视剧的时候，人们往往在固定的时间段坐在客厅的沙发上观看，这个时间持续较长，因此，电视剧的单集时间一般为四十分钟到一个小时。但是网络自制剧常常被随时拿来填充碎片时间，人们很少有大量集中的时间细细观赏。这就需要演员在表演上要更大程度的夸张，以保证能够在短时间内吸引观众，传递要表达的信息，否则很容易让受众还没有进入剧情状态就停止观看了。

（二）个性化

网络极尽推崇个性化，在网络上的每个人都可以做独特的自己，展示自己特有的个性。在网络上播出的网络自制剧也是一样，人们都会喜欢与自己个性相近的角色，无论是调皮、搞怪还是沉默寡言，即使你的个性是普通的，也要把普通做到极致。在网络的世界，只有个性鲜明才能让观众一秒记住。

（三）网络化

网络是有自己的文化的，流行的网络事件、网络语言在网络世界都会被认为是“时髦”的代表。在上文中也提到过，网络自制剧常常会拿网络热点事件作为制作、宣传的爆点，在网络自制剧的表演中也需要一脉相承。演员在表演时，使用时新的网络语言，明喻暗示某些网络热点事件，都会让网络自制剧的表演更具有网络的特征，打上网络的烙印。

五、网络自制剧的传播

关于网络自制剧的传播，不用赘述也知道它与传统的电视剧、电影的传播有着极大的差异，那么我们用传播学上的经典理论“5W”模式来具体分析网络自制剧的传播。

“5W”模式又称为传播的经典模式，它于1948年由美国政治学家拉斯韦尔提出。该模式将传播活动分为传播者、传播内容、传播渠道、传播对象和传播效果五个环节，对大众传播的研究起了很大的推动作用。其明显的局限性是忽略了“反馈”机制。

把“5W”模式运用到网络自制剧的传播分析中，我们可以看到网络自制剧的传播者是各大视频网站，传播内容是网络自制剧，传播渠道是网络平台，传播对象是广大网民，传播效果不一。与传统电视剧对比可以看到，这五个环节均与传统电视剧不同。各大视频网站是私营企业，不具有公共性质，其自负盈亏具有商业性。网络平台上的传播方式多样，包含群体传播、组织传播、人际传播等多种形式。网站通常不仅仅只在自家网站上播放网络自制剧，还会在各种社交网站上开辟公众号辅助传播，既制造了话题，又能与受众实时沟通。至于广大网民，他们的个性化特征让他们在选择网络自制剧时十分有主见，喜欢什么不喜欢什么都直观地体现在点击量上。这些所有可控和不可控的因素加起来构成了一部网络自制剧的传播效果，每一个环节的变动都可能造成整个效果的改变，因此，这个效果也是具有偶然性和不确定性的。

除了“5W”模式之外，还有很多经典模式都适用于分析网络自制剧的传播，比如施拉姆模式、德弗勒模式、波纹中心模式等，在这里就不一一赘述了，大家有兴趣可以自己参照模式的要点进行分析。

简单地分析了网络自制剧的传播环节后，我们再来看看网络自制剧在传播中有哪些独有的特性。

第一是传播迅速。网络传播具有裂变性的特征，网络自制剧在网站上传后可以被迅速转载到微博、微信朋友圈等各大社交平台，囊括群体传播和人际传播。且这种传播几乎是零成本的，也就不存在传播的门槛和难度。“铺满全网”不过是一瞬间的事。

第二是随时随地反馈。我们知道“5W”模式的缺陷是缺少反馈机制，这一点也在之后的各项传播模式中被重点提出。而互联网的交互性为网络自制剧的反馈提供了最佳条件，只要有网络就可实现随时随地无障碍传播，及时反馈得到了保障。

第三是传播效果不可控。魔弹论的时代已经过去，“受众”一词也逐渐转变成“用户”，网民的自主性增强。在这种情况下，一切对受众的估计都只是预估，后期结果的吻合与否都难以下定论。网络的匿名性助长了网络上群体感染的势头，网上的风向转换极快，常常上午还爱着的剧集，下午就成了万民唾弃的对象，因此，传播效果只能等到最终的答案揭晓。

六、典型案例解析

上述四个方面已经分别从四个不同的角度解析了网络自制剧的创作要素，这四个方面都是从整体的宏观视角出发，对网络自制剧整个行业的把控。那么，接下来我们就从具体案例出发，来分析几部经典的网络自制剧。

（一）《万万没想到》

1. 背景资料及内容简介

中文名：万万没想到

出品公司：万合天宜、优酷出品

制片地区：中国内地

首播时间：2013 年 8 月 6 日

导演：叫兽易小星

出品人：古永锵、范钧

制作人：卢梵溪

编剧：至尊玉

主演：白客、刘循子墨、孔连顺等

类型：喜剧 / 迷你剧

在线播放平台：优酷

《万万没想到》是由叫兽易小星执导的网络迷你喜剧。该剧以夸张且幽默的方式描绘了王大锤的传奇故事。目前，该剧已播出了两季以及两部番外篇，第三季正在持续更新中。据不完全统计，该剧两季总点击量超过 16 亿，并在 2014 年 5 月的金鹏奖上荣获“最佳网络短片奖”。

2. 制作特点

《万万没想到》是网络自制剧的代表之一，整部剧的制作风格充满了网络自制剧的独特魅力。首先从整部剧的篇幅来看，每季的集数不多，第一季为 15 集，第二季为 16 集，且每一集的篇幅都不长，第一季中每一集约 5 分钟左右，第二季中每一集约 8 分钟左右，十分符合网络自制剧篇幅短小的特点。其次从整部剧的台词来看，演员的对白不多，主要依靠旁白和主人公的内心独白来叙述故事。最后从整部剧的表演风格来看，表演十分浮夸，表情外放，动作幅度大。而该剧的道具也非常粗糙简单，加上后期的“5 毛钱”特效，形成了荒诞搞笑的轻喜剧风格。该剧注重紧跟网络热点，用调侃的语气表达自己的观点，制造出众多网络流行语。

3. 剧集评价

《万万没想到》创造了惊人的点击量，但是媒体及网友对它的评价却褒贬不一。

来自腾讯的正面评价说：“《万万没想到》除本身看点之外，形式也是一大卖点。如今人们的生活节奏很难再有大把时间去追剧，迷你剧的出现正好适应了这一趋势，填补了碎片时间，必会成为网剧发展的一大趋势。”人民网上的正面评价说：“《万万没想到》在网上开播以来，以其独特的风格受到众多网友的喜爱，拥有了众多的粉丝。无论是剧中各种经典搞笑的台词还是大锤的各类呆萌表情，都一度成为网络上交流的流行用语和流行表情，一度引领了网络新潮流。”

而来自腾讯的反面评价说：“《万万没想到》无论是思想性还是艺术性都缺乏优秀作品的可圈可点之处。”

（二）《匆匆那年》

1. 背景资料及内容简介

中文名：匆匆那年

外文名：Back in Time

出品时：2014 年 8 月 4 日

出品公司：搜狐视频

发行公司：搜狐视频

首播时间：2014 年 8 月 4 日

原著：九夜茴

导演：姚婷婷

制片人：朱振华

编剧：田博、丁洁如、潘越、刘燚霏、卓越泡沫

主演：杨玏、何泓姗、白敬亭、蔡文静、杜维瀚、王峥、秦语、方文强、苏鑫、徐翠翠

类型：青春、爱情

上映时间：2014 年 8 月 4 日

《匆匆那年》是一部改编自同名畅销小说的网络自制剧，该剧主要给观众展现了“80 后”一代人的青涩爱情，通过男女主角的爱情线，还原了那个想爱又不敢爱，单纯又美好的少年生活场景。该剧的主创人员绝大多数都是“80 后”，在改变和拍摄上都很好地还原了原作。《匆匆那年》于 2014 年 8 月 4 日在搜狐视频首播，据统计其播放量在收官时就破了 5 亿，相当于一部卫视剧的播放量。导演对此剧的态度是：“真实，真实的青春，我们要做一部真实、接地气的青春剧。”该剧荣获了 2014 年横店影视节“最佳网络剧”奖。

2. 制作特点

《匆匆那年》的剧情由于涉及“早恋”等一些敏感话题，难以达到电视台播放的标准，为了忠于原著，选取了网络自制剧这样一个两全其美的形式。但是该剧并没有采用网剧小成本、粗制作的模式，而是做了第一个吃螃蟹的人，采用跟电视剧同级甚至比电视剧更高的投入来制作。据悉，该剧单集投资约为 100 万人民币，并且全片采用 4K 技术，在宣传上更是比肩电影，在 8 个城市举行了超过 10 场的发布会，势要改变网络自制剧在人们

心中“低成本”的刻板印象。作为第一部“80后”主创团队还原“80后”青春的电视剧，其后期制作全部是在北京朝阳门后拐棒胡同一处不起眼的院落里，这个“80后”团队凭借他们的理想主义和对细节的追求，为我们呈现了一部精品网络自制剧。

3. 剧集评价

对《匆匆那年》的评价，网上几乎是一边倒的夸赞声，其精品制作也最终为它带来了不错的口碑。该剧在首集播出后，即刻引来用户的集体关注，剧中的情节处处戳中观众，口碑持续“零差评”。观众纷纷在搜狐视频留言区、微博、朋友圈进行刷屏，感怀各自曾经逝去的青春。来自商都网的评论称该剧为“新一代青春经典”，认为“整个团队都是‘80后’，剧中充满了青春和怀旧元素，这是一部向行业挑战的诚意之作。勾起了很多回忆，想起了自己的初恋和校园时光。《匆匆那年》原著有其精髓所在，而看了网络剧版，发现有很多创新的地方”。总体看来，该剧获得了高口碑，激发了年轻人的青春情怀与共鸣。该剧打造全新一代青春经典，极具潜力的新锐演员阵容，见证原著青春的存在，值得每个人观看和回忆。高级别、高投入、高规格的制作标准，让《匆匆那年》的书迷们没有失望。首映现场的观众看后洒泪，并长久地走心鼓掌。还有著名导演高群书在点映后表示：“没想到现在的网络剧可以做得这么高级，直接搬到影院办首映，这部小说有很多人喜欢，青春题材也是容易引起大家共鸣的题材，画面的掌控也很到位，整体效果非常好。”

（三）《盗墓笔记》

1. 背景资料及内容简介

中文名：盗墓笔记

英文名：The Lost Tomb

出品时间：2014年

出品公司：欢瑞世纪影视传媒股份有限公司

拍摄地点：西藏、北京

发行公司：欢瑞世纪影视传媒股份有限公司

首播时间：2015年6月12日

原著：南派三叔

导演：郑保瑞、罗永昌

制片人：贾士凯、赵文竹、田甜、戴婧婷

编剧：白一骢

总策划：江新光、姜磊、张语芯

总监制：李晓萍、马东、陈戴阁

主演：李易峰、唐嫣、杨洋、刘天佐

营销宣传：欢瑞世纪营销中心姜磊团队

类型：悬疑、动作、冒险

上映时间：2015 年 6 月 12 日

在线播放平台：爱奇艺

《盗墓笔记》是由欢瑞世纪影视传媒股份有限公司出品的一部网络季播剧，于 2015 年 6 月 12 日在爱奇艺平台首播。该剧主要讲述了五个主要角色进入古墓探险的故事，并采用季播剧形式，第一季已播出 12 集。该剧的主演几乎都是一线当红明星，其投资金额每集高达 500 万元，总投资超过 6 000 万元，以“超级网剧”作为标榜。该剧由热门小说改编，在开播前就具有超高人气，因此，在上映前就被誉为“2015 年度最受关注的超级网剧”，在上映后也获得了不俗的点击量，首日的点击量超过 4 000 万。

2. 制作特点

《盗墓笔记》改编自南派三叔的同名热门网络小说，本来就是具有超高人气的热门 IP，因此，改编也以充分尊重原著为准则，只适当变动了叙事的结构。该剧自誉“超级网剧”并非夸夸其谈，其 500 万一集的制作费用请来的都是电影的制作班底，导演是执导过 3D 版《大闹天宫》的郑保瑞，美术执导是荣获第 23 届香港电影金像奖最佳美术指导奖的雷楚雄，摄影师是王永恒和张文宝，后期剪辑是剪辑过《功夫》并获得香港电影金像奖最佳剪辑奖的林安儿。该剧不仅有大牌的制作班底，在置景上也花费了大量的精力，比如，第一集的尸道，就搭了 3 000 多平方米，七星鲁王宫更是搭建了近 1 万平方米的内景。关于特效部分，剧组称该剧的特效投入在整个影视剧市场里属于中等偏上水平，只是由于目前国内特效公司的制作水准有限，仍然有观众认为特效不够逼真。

3. 剧集评价

《盗墓笔记》不仅在制作上花了大力气，在播出上也开创了会员观看全集的收费模式。但是对于此剧的评价，观众仍持有不同意见。正面观点认为该剧贴合原著，改编后的五大角色人物特点鲜明，选取的演员养眼且符合原著的角色设定。反面观点认为该剧改编后另加了两个角色，与原著有冲突，引发原著党的强烈不满。不过面对网友的吐槽，剧组则表现得很淡定，他们认为，“该剧本身有很强的群众基础，拍摄它的最大难度就在于每个观众手里都有剧本，无论是谁拍可能都会有这样的状况存在”。

第四节　网络自制剧的发展趋势

至此，网络自制剧已经渐进成熟期，在不久的将来，网络自制剧将会由快速增长进入平稳发展，最终进入平台期。网络自制剧的发展在一定程度上推动着整个视频网站的前进。今后，网络自制剧将继续帮助视频网站降低内容生产的成本、转变角色，力求将视频网站从纯播出方转变为制播一体机构。

结合网络自制剧的目前状况来看，网络自制剧可能会出现以下发展趋势：

（一）大数据 + 互动模式

随着大数据挖掘技术越来越成熟，网络自制剧的前期策划也会更加精准，这一互联网的先天优势将持续发展下去。而网络自制剧在播出的同时，与观众的实时互动将会更加明显，不仅是简单的票选，演员、制作班底都可以通过网调来征求观众意见，甚至可以实现边拍边播，根据实时互动的意见改进剧情，制定结局。

（二）大制作 + 艺术性

网络自制剧已经发展到“超级网剧”时代，一部好的网络自制剧的投资过千万元已经屡见不鲜。今后，网络自制剧势必会更加强调专业性，与传统的影视制作领域结合，通过多种模式合作，力求制作上的精良。同时，在艺术追求上也会逐渐加强，不会仅仅停留在以粗糙、低俗为主的艺术水平上，加上力度渐渐加大的网络监管和日趋白热化的市场竞争，网络自制剧提升自身的艺术性是必然趋势。

（三）产业链的形成

激烈的市场竞争、大量的资金投入和涌入的影视人才都会促使网络自制剧的产业链趋于成熟。网络自制剧整个产业规模每年都在扩大之中，网络自制剧将会帮助视频网站扩充产业链，从简单的播出到制播一体，并逐步发展到集结艺人经纪、节目制作、版权分销、营销推广的一体化传媒机构，并通过“一云多屏”的模式在各个屏幕上播出。成熟的产业链也将会给视频网站带来新的盈利点。

（四）与电视台合作，最终反哺电视台

无论“内容为王”这个观点是否能站住脚，精品内容始终都是一部剧的核心。在专业化、大制作、勤互动的优势下，网络自制剧的内容会有一定质量的保证，甚至会在将来的某一天全面赶超传统电视剧。在这种情况下，网络自制剧将会吸引更多包括电视台在内的专业机构，无论是以联合制作还是同步播出的模式，合作都将成为可能。我们甚至可以猜想，当网络自制剧的类型足够丰富、艺术性足够强的时候，网络自制剧将会反哺电视台。

总而言之，网络自制剧无论有多特殊，也只有把握好自身的创作本质，才能够走得长远。热点、现实、观众、平台，处处有心，方能赢得市场与观众的双重认可。

要点小结

1. 网络自制剧是这几年兴起的新产物，根据其发展的形式大致可分为萌芽期、摸索

期、崛起期、井喷期和成熟期五个阶段；

2. 网络自制剧是由视频网站、门户网站等网络平台自行制作、发行、播出的原创剧集节目，自带娱乐化属性、产品思维占主导、热点和创新两手抓是其三个显著的特征；

3. 网络自制剧按照不同的分类标准可以分成许多不同的类型，相较于网络视频、传统电视剧来说，网络自制剧既有优势，也有劣势；

4. 网络自制剧在传播中的特性有：传播迅速、随时随地反馈以及传播效果不可控；

5. 网络自制剧的发展前景。

思考与探讨题

1. 推动网络自制剧出现的主客观原因有哪些？

2. 网络自制剧相比传统电视剧有哪些优势？其快速发展的原因有哪些？

3. 网络自制剧的内容特点是什么？

4. 网络自制剧在发展中需要注意哪些问题？

5. 分析目前网络自制剧在新媒体平台上的运营策略。

延伸阅读

1. 彭兰 . 网络传播概论 [M]. 北京：中国人民大学出版社，2001.

2. 邱章红，徐辉 . 第四票房：中国网络电影产业的发展 [M]. 北京：中国经济出版社，2013.

3. 王贞子 . 数字媒体叙事研究 [M]. 北京：中国传媒大学出版社，2012.

4. 麦奎尔 . 受众分析 [M]. 北京：中国人民大学出版社，2006.

5. 张静民 . 电视节目创作与编导 [M]. 广州：暨南大学出版社，2010.

第五章　新媒体广告

本章要点

1. 新媒体广告的定义及发展现状
2. 新媒体广告的分类及特征
3. 新媒体广告存在的问题
4. 新媒体广告的内容设计思路

第一节　新媒体广告的定义及发展现状

伴随着新媒体的出现和发展，信息的传播环境发生了巨大的改变，新的传播模式在传者、受者和传播媒介等方面，均打破了大众传媒时代的既有体制，开始构建新的模式。在此过程中，广告作为传播发展的产物之一，亦因时而变，逐渐呈现出新媒体特性。

当前，学界和业界都在针对新媒体传播样态进行深入的探讨，多元的产品呈现和多样的现象迭代，既丰富了新媒体研究的案例，又加大了现象定义的难度。新媒体广告作为新媒体的现象级产物之一，了解其定义与发展情况，是探明新媒体广告产业发展情况的必经之路。

一、新媒体广告的定义

从发展起源来看，美国德克萨斯大学广告学系在 1995 年提出了“新广告”的概念。他们认为，从商业的角度来讲，广告是买卖双方的信息交流，是卖者通过大众媒体、个性化媒体或互动媒体与买者进行的信息交流。① 受制于当时的新媒体发展水平，“新广告”的定义虽然从内涵上契合当下新媒体广告的互动性要求，但总结相对单一，概念不够完善。

北京大学陈刚教授在 2002 年提出“后广告”的概念，将新媒体与广告进行了系统的结合。他认为：“网络引发并实现了一次媒体革命，而作为这次革命动因的核心正是‘互动’。”②由此，新媒体广告的研究聚焦于“互联网广告”，并且着重观察互联网的互动性对广告形态的影响。高丽华等学者在《新媒体广告》一书中，将新媒体广告定义为将新媒体作为传播载体的广告，是伴随着新媒体技术应运而生的。③ 舒永平则认为，新媒体广告是指体现在以数字传输为基础、可实现信息及时互动、终端显现为网络链接的多媒体视频上，有利于广告主与目标受众进行信息沟通的品牌传播行为和形态。④

从定义上来看，新媒体广告可以简化理解为在新媒体数字平台上投放的广告，其中包括互联网广告、户外数字广告、物联网广告、移动端广告等，广告形态不再拘泥于单一媒介，而是开始进行跨媒介和多媒介的尝试，其中网络广告是新媒体广告发展的主力军。但因新媒体是一个相对的发展概念，附着于新兴媒介产品之上的广告自然也很难以媒介划分进行定义。

---

① 舒永平. 新媒体广告 [M]. 北京：高等教育出版社，2010：5–6.

② 陈刚. 新媒体与广告 [M]. 北京：中国轻工业出版社，2002：23–24.

③ 高丽华，赵妍妍，王国胜. 新媒体广告 [M]. 北京：清华大学出版社，北京交通大学出版社，2011：26–27.

④ 舒永平. 新媒体广告 [M]. 北京：高等教育出版社，2010：5–6.

二、新媒体广告的发展状况

不同于传统媒体的广告投放效果衡量，新媒体自身的互动性和实时反馈给新媒体广告打造了天然的效果评估平台。同时，基于大数据技术的量化统计，让广告主在进行广告投放的时候可以更加直观地感知广告效果，如视频广告的点击量以及从视频广告点击导入主页的转换流量，又如微信、微博文章的阅读量和转发量等，均可以看作广告绩效，从而，更加直观地反映广告效果，以便广告主进行策略调整。

此外，新媒体本身的发展势头日益猛烈，包括搜索引擎、门户网站、社交媒体、移动应用、物联网等新兴技术在内的新媒体已经拥有了相当基数的使用者，并且拥有较大的用户黏性，使得广告主愈发关注新媒体平台上的广告投放，并逐渐加大广告投放力度。截至 2015 年 6 月，中国网民规模达 6.68 亿，半年新增网民共计 1 894 万人。互联网普及率为 48.8%，较 2014 年年底提升了 0.9 个百分点。中国手机网民规模达 5.94 亿，较 2014 年年底增加了 3 679 万人。网民中使用手机上网人群占比由 2014 年年底的 85.8% 提升至 88.9%。①

从广告产业的自身发展来看，新媒体广告的发展规模也日益壮大。根据艾瑞咨询推出的《2015 年中国网络广告行业年度监测报告》，2014 年网络广告市场规模达到 1 540 亿元，同比增长 40.0%，其中移动广告市场规模达到 296.9 亿元，同比增长翻一番，增长率达 122.1%，发展迅速。②此外，2012 年美国互动广告局和普华永道联合发布报告称“2012 年，美国互联网广告营收增长 15%，达 366 亿美元；移动广告营收翻一番，达 34 亿美元，占整个互联网广告营收的 9%”。③由此，以网络广告为代表的新媒体广告在广告市场中的发展势头不断壮大，以移动端广告为代表的新生力量增速较快。从数据上来看，新媒体广告从行业上即对传统广告行业的发展格局、形态、要素和传播方式产生了颠覆性的冲击，并取得了显著成绩。

因此，从行业发展态势和规模上来看，新媒体广告无疑在新媒体发展势头迅猛的环境下，成了改变传统广告行业的一支中坚力量，对原有大众传播时代的单向广告和全受众广告产生了冲击，并建立起新的广告发展规则。

第二节　新媒体广告的分类

新媒体广告是建立在新媒体发展基础之上的，按理应该依据媒介属性进行分类，但目前新媒体产品种类繁多，并且在很多方面存在相互迭代和交叉的特性，同时新媒体产品会

① 数据来源：中国互联网络信息中心第 36 次《中国互联网络发展状况统计报告》。

② 数据来源：2015 年中国网络广告行业年度监测报告。

③ CNNIC. 全球动态［EB/OL］.［2013-04-26］. http：//www.cnnic.cn/gcjsyj/qyjsyj/hlwzcyj/qqdt/201304/t20130426_39352.htm.

在市场选择的基础上进行选择性替代，旧的新媒体产品或因时而变升级发展，或因无法适应时代发展的潮流被替代。此外，新媒体产品本身在不同层面上可以吸纳多种形态的新媒体广告，因此，很难以媒介属性对新媒体广告进行种类划分。

从另一个思维层面而言，互联网最核心的思维方式为产品思维，并且以产品为导向可以更好地诠释广告在产品的不同层面展示的优点和缺点。由此，本书试以既有产品为单位，着重分析附着于产品之上的新媒体广告，并进行分类，以期更具时效地展示新媒体广告的类别和它们之间的差别。

一、网站广告

互联网网站的广告，是最先出现的一批新媒体广告。1994 年 AT&T 登在美国 Wired 网络杂志上的横幅广告被视作世界上最早的一条网络广告。至今，各类网站上都会出现各式各样的广告，根据广告出现位置和方式的不同，又可以进一步细分。

（一）条幅广告

条幅广告，主要指出现在互联网门户网站的打开界面，占用一定画幅空间，并在空间内进行广告宣传的广告类型，多见于各大门户网站的首页及子页面中（如图 5-1 所示）。条幅广告根据网页页面的大小可设置成不同形状，多见长方形或正方形。

图 5-1 搜狐网门户条幅广告（红框区域）

条幅广告可以简单明了地将产品信息或品牌信息传递给用户，因为镶嵌在门户网站上，所以曝光率相对较高，类似于传统媒体时代报纸上刊登的广告。从传播的角度来看，此类新媒体广告属于初代广告，进行的依旧是单向传播，采用的是“简单粗暴”的广告信息植入方式，虽然有较高的曝光率，但用户点击率缺乏保障。

此外，伴随着技术革新，目前以谷歌浏览器为代表的浏览器已经开发出屏蔽广告的插件应用（如图 5-2，5-3 所示），能够对门户网站上的条幅广告进行有效拦截，大大降低了条幅广告的有效性。

图 5–2　腾讯新闻首页条幅广告（红框区域）

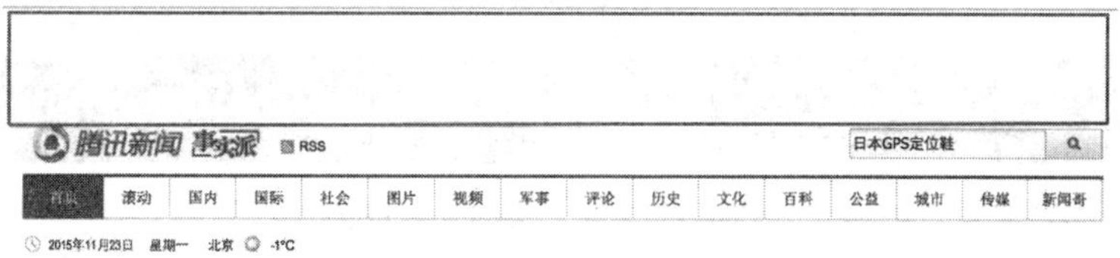

图 5–3　被浏览器插件拦截后的腾讯新闻首页（红框区域为被拦截的条幅广告区域）

（二）弹窗广告

弹窗广告主要指用户在打开网页后，页面上弹出的窗口广告。旧的弹出广告形式主要以浮动窗口为主，可以一直出现在页面的固定区域，也可以在划定范围内按一定的轨道（多为对角线）移动，此外，也可以结合鼠标呈现悬停出现等效果。

目前，在不少网站上依旧可以看到弹窗广告，但其形式发生了一些变化，从设计角度而言更加贴近用户审美和阅读舒适的需求。如网易新闻页面的弹窗广告，以半透明的第二图层为主要设计样式，广告在出现若干秒后可以自动透明化直至消失（如图 5–4 所示）。从阅读观感而言，相较于以往的浮动窗口，这样可以自动消失并且以半透明化图层存在的弹窗广告更具美感，自动消失的设计也免于用户二次点击关闭广告，从而降低用户对广告的抵触。

图 5–4　网易新闻首页的弹窗广告

另一种较为常见的弹窗广告是在打开页面后，页面顶端会自动下滑动画广告并自动播放，广告播放完毕后广告窗口上滑消失，主页内容重新复位。如图 5–5 所示，点击网易首页则会下滑出魅蓝广告。

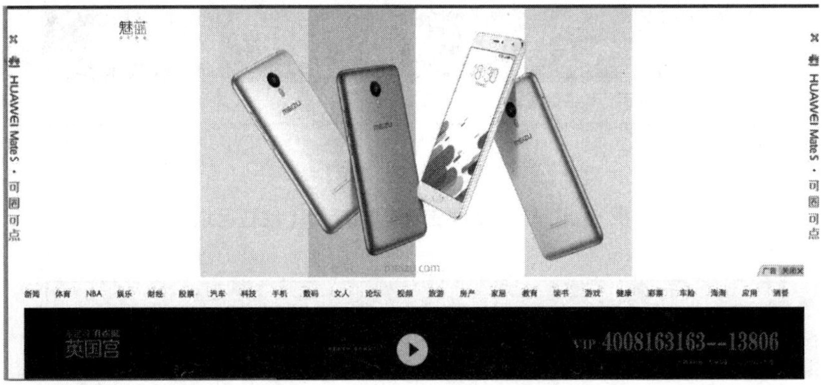

图 5–5　网易首页的弹窗广告

相较于条幅广告，弹窗广告在表现形式上更加生动活泼，其出现形式、广告内容和风格设计都更加多元，可以搭载图文、动画或视频等多种形式，为网站广告提供更多的信息量。

但是此类广告从本质上来看，与条幅广告相同，都是单向传播的产物，用户可以选择关闭弹窗或等广告内容结束后继续浏览网页，并没有强大的吸引力去引导用户点击广告进行更加深度的了解和阅读。从传播效果上来看，这样的广告在新媒体时代依旧缺乏新意，依然无法应对新媒体广告市场的激烈竞争。

（三）搜索栏广告

搜索栏广告主要指网站特别是门户网站在搜索栏中设有既定的搜索内容，以便在增加信息的曝光率的同时便于用户搜索同类信息（如图 5–6 所示）。目前这种搜索栏广告的应用包含但不局限于广告业务，部分新闻网站也用这样的方式来便捷搜索。

图 5–6　新浪首页的搜索栏广告

搜索栏广告的出现是广告内嵌网站的一个更加直观的体现，广告内容以所搜文字的形式进行内嵌，避免了用户因页面被广告占据所产生的负面情绪。但是从使用效果来看，用户多会自主键入搜索内容，或选择直接点击网站的既有关键词跳转链接，因此，在使用效率上搜索栏广告依旧有待提高。

二、视频广告

伴随着网络视频产业的发展，视频类广告业逐步发展壮大，并且出现了很多创意类视频广告。从播出平台上来看，虽然传统的电视平台也可以提供视频类广告的播放，但受制于广告价格和广告内容尺度，广告主更加青睐在网络平台进行视频广告投放。同时，当下新媒体蓬勃发展的趋势和视频广告多元的呈现方式，也越来越吸引广告主的注意。

本书主要讨论纯视频广告创意的种类，而视频广告与其他新媒体形式的联动融合形态，将在后文探讨。

（一）贴片和插片广告

贴片广告是指在网络视频播放之前播放的广告，根据广告时长安排广告数量。目前各大视频网站贴片广告的时长从15—120秒不等，内含多支广告，有时也会出现单支广告作为整个贴片广告的情况。与贴片广告类似的还有在网络视频播放的过程中插入的广告，多以单支广告为主，时长约15—30秒。

这种贴片和插片广告曾一度是视频网站广告的主要形态，因为这类广告出现在视频观看的必要过程中，所以到达率很高。但是过长和过于频繁的广告插入会引发用户的反感。根据艾瑞咨询的报告显示，视频贴片广告的市场份额在逐年减少（如图5-7所示），意味着广告主和广告制作方已经发现了用户对于贴片广告的反感，而高到达率、低有效性的现状也是贴片广告的效力逐渐降低的原因。

从播放平台的角度来看，目前视频网站为了更好地完成收费制转型，以“会员免广告”作为营销噱头，来推动收费观看的改革（如图5-8所示）。这对贴片广告造成了较大影响。此外，与条幅广告相似，浏览器的去广告插件也会阻碍视频贴片广告的播放，从而降低广告的传播效力。

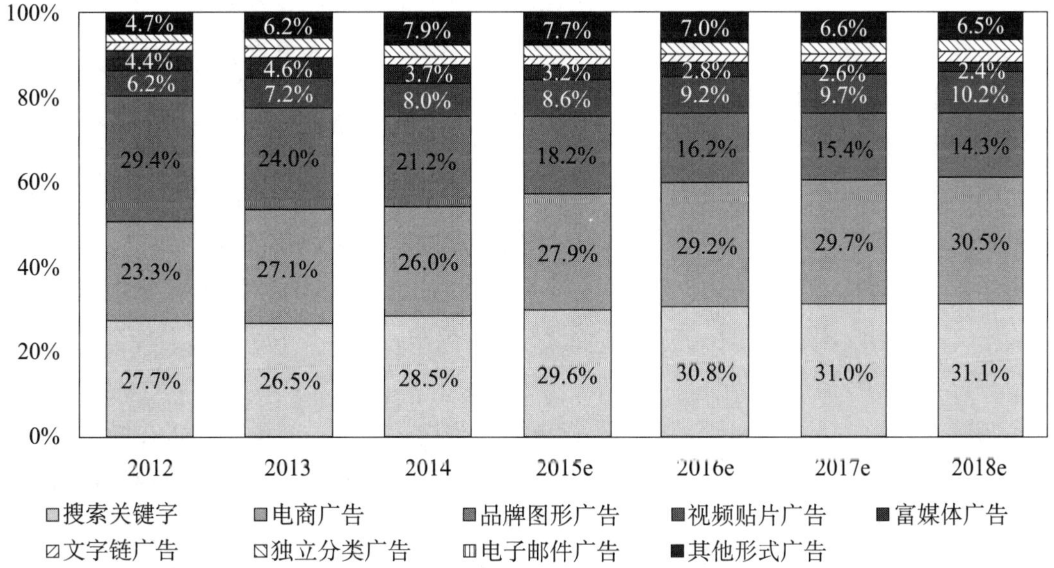

图5-7 2012—2018年中国不同形式网络广告市场份额及预测（艾瑞咨询）

图 5–8　视频网站会员战略对贴片广告的冲击（红色区域）

（二）完整视频广告

不同于插片广告和贴片广告，完整的视频广告在当今新媒体时代已经成了另一潮流。在传统媒体时代，用户很少也没有办法自主自发地搜索、观看广告，从某种层面上来看，当时的用户是不得不观看广告。但在新媒体环境下，基于互联网的自主选择性，用户可以自主选择自己要看的东西，也可以屏蔽自己不想看的东西。这样的环境给视频广告以机遇和挑战，机遇在于用户可以自主搜索、观看广告，打破了原有线性的传播机制；挑战在于用户可以选择看与不看，因此，对广告的内容和形式提出了更高的要求。同时，完整的视频广告的广告效果也比传统电视广告效果更好衡量，后台记录的点击量和流量引导成了重要的效果评估指标，让广告效果得以更加直观地呈现，变相提高了对广告设计的要求。

1. 微电影广告

微电影是 2010 年起出现在新媒体平台上的新视频类型，其形态和电影类似，但无需硬件要求，在移动端和 PC 端都可以观看。故事结构完整，可以单独成片也可以制作系列微电影。单片时长通常在 8—15 分钟，内容覆盖面广，制作成本相对低廉。微电影的制作符合 UGC 和 PGC 共存的趋势，对制作者没有专业要求，制作完成后即可上传至视频网站以供用户观看和传播。

随着微电影在新媒体平台的热传，微电影广告应运而生，微电影广告在微电影的基础上进一步压缩时长，一般微电影广告的时长约为 2—5 分钟，其他方面与微电影相似。2010 年取材自微小说《一触即发》的同名微电影广告上线，凯迪拉克邀请影星吴彦祖共同完成了这一微电影广告，并在互联网上掀起了热议（如图 5–9 所示）。自此，微电影广告作为新媒体视频广告的创新形式之一得到了广泛的运用。

图 5-9 《一触即发》微电影广告截图[①]

作为新型视频广告的重要表现形式之一，微电影广告与传统意义上的视频广告有很大的不同：

首先，广告本身即为故事。每一个微电影广告的基础都是一个完整的故事，涉及人物、内容、场景等要素，并且因为时间限制，微电影的故事架构往往短小精悍，情节起伏较大，天然带有吸引力。

其次，微电影中广告元素的展示具有多元性和多样性，可以以产品形态直接植入，如《一触即发》中凯迪拉克牌汽车的使用；亦可以品牌诉求植入，如日本微电影广告《LAWSON》中以拟人的手法将便利店比作极具关怀的人（如图 5-10 所示），以此来突出便利店的品牌形象。

图 5-10 《LAWSON》微电影广告截图[②]

再次，微电影广告可以更多地贴近时下热点话题进行内容创作，更加贴近讨论热潮，并利用微电影引导话题，完成广告宣传或品牌塑造。如《“铂金制造”之非你莫属》系列

① 图片来源：http：//www.letv.com/ptv/vplay/1069459.html#vid=1069459。

② 图片来源：http：//v.ku6.com/show/51S0TSfbvDF1TObqNnFtow...html？ from=my。

微电影邀请时下被热议的明星夫妇来演绎爱情故事（如图 5-11 所示），与网络热议话题形成呼应，从而降低宣传壁垒，可以更好地借势宣传。

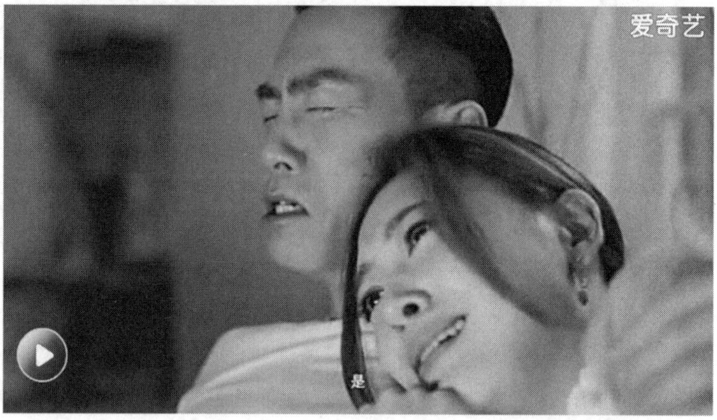

图 5-11 《“铂金制造”之非你莫属》系列微电影广告截图 ①

最后，微电影广告和微电影一样可以打造“系列性”广告，如 John Levis 自 2011 年起每年推出的圣诞微电影广告（如图 5-12 所示）。根据每年不同的主题，进行微电影的主题选择和情景购置，广告质量出众，让用户在每年圣诞节到来之际均会对 John Levis 的广告形成既有期待，用高品质系列微电影让用户对广告产生观看黏性，极好地进行品牌构建和传播。

图 5-12 2015 年 John Levis 圣诞系列微电影广告截图 ②

微电影作为一种新的视频形态在视频行业的发展是有目共睹的，微电影广告在微电影的基础上融入广告元素，一方面可以让广告的进入更加巧妙，不再是生硬的强势宣传。另一方面也可以让广告紧跟时代潮流和热门话题，拉进广告与用户的距离，让广告形式和内容更接地气。但以微电影为载体对广告本身的质量要求更高，内容必须足够吸引人，逻辑必须严谨，制作必须精良。这也意味着，新媒体广告的形态对新媒体广告自身提出了更高的要求。

① 图片来源：http：//www.iqiyi.com/v_19rro9cyvs.html。

② 图片来源：http：//v.qq.com/page/r/u/4/r0171dfm5u4.html？ start=103。

2. 病毒视频广告

病毒视频是近年来网络发展过程中出现的又一新型视频形态。从视频制作的角度来看，病毒视频并没有太多的创新之处，相反，病毒视频的制作成本更加低廉，技术门槛也相对较低，但其营销诉求是核心要点。“病毒视频”这一概念起源于病毒式营销。《奥美的数字营销观点》一书中这样描述病毒式营销：病毒式营销是通过说服消费者向他人传播你的信息或产品来进行的。一个病毒（比如流行性感冒病毒）刺激宿主产生行动（比如打喷嚏），好让自己能再传染给其他容易被感染的宿主。同样的，成功的病毒式营销提供给消费者想要分享的事物（也许是一节古怪的影片），并且几乎总是以免费的形式。只要内容够好，他们会将它传给任何他们觉得会欣赏的人，让它快速散布。[①] 简言之，病毒式营销就是指广告主通过病毒视频等方式在网络上针对用户群体发起的营销方式，并形成指数转发，由此达到营销的目的。

既然病毒视频本身就带有营销和宣传的概念，那么由此延伸出的病毒视频广告自然也是新媒体时代广告业的现象级产物。目前已知最早的病毒视频广告是 2001 年美国广告制片人艾德·罗宾逊将自己公司的网址附在一段搞笑视频的结尾处，并将它发送给了好友，在短短的时间内该段视频的浏览量已经达到 6 万人，在 3 个月的时间内其公司网站的访问量已经达到 50 万。[②]

在中国，病毒视频广告的发展也呈现出日益扩大的趋势，病毒视频广告的制作多依赖于极佳的制作创意而非强大的资金支持。保持“草根性”创作，从而与最广大的用户群体产生共鸣，这一点和传统电视广告追求大投入、精良制作有着本质的区别，一举打破了高成本视频广告的垄断，给各层级企业的广告投放提供了新的路径和渠道。同时，因为病毒视频广告的创意先行满足了用户对新奇内容的渴望，而 5 秒到 2 分钟不等的广告市场也满足新媒体快节奏观看信息的特点，草根性的叙事语言降低了用户的理解门槛，鲜明的个体风格适应了新媒体时代个性化发展的要求，因而，病毒视频广告在新媒体平台上具有极高的传播效力。此外，病毒视频广告往往可以把握当下热门的议题，并且自身带有很好的话题引导作用，“制造话题”和“引领流行”成了病毒视频广告产生巨大影响力的核心要义。

另外值得注意的是，病毒视频广告因其多以“恶搞”“戏谑”和“自嘲”的方式进行内容表达，所以在内容选择范围上有了极大的拓展和延伸。传统电视广告对于内容的审查较为严格，涉及同业竞争方面的广告较难播出，但病毒视频广告却可以以同行竞争作为卖点，进行内容和形式设计，用戏谑和调笑的方式进行品牌竞争。具体可以参见案例精选中 2013 年京东的“双十一”广告。

---

① 李楠. 国内网络病毒视频广告的营销优势分析［J］. 现代营销，2013（7）：39–41.

② 杨连峰，韩勤. 病毒式网络视频广告的发展研究［J］. 网络安全技术与应用，2015（7）：95–98.

案例精选

自2009年起以阿里巴巴旗下的淘宝电商为引领者的“双十一”大型购物促销狂欢日成为热潮。活动当天，包括淘宝、天猫、京东、苏宁易购在内的电商平台均会对其所售产品进行大规模的促销。从原本的一家电商进行该活动，到当前的全网狂欢，各家电商之间势必形成争抢消费者的局面，由此，活动之前的预热和宣传显得尤为重要。对此，以天猫和京东为代表的电商均选择病毒视频广告作为活动预热宣传的主战场，用极富创意和内涵的广告为其电商造势。

其中，2015年“双十一”天猫推出了多支病毒视频广告，在平均时长1分20秒的视频中内嵌4支更加简短的广告，而每一个短广告瞄准一个产品或营销活动，包括整点发红包、低价惊爆眼球、拍照提升信用额度以及秒杀爆款（如图5-13所示）。通过夸张而极富创意的视频表现来体现天猫全民狂欢节的热闹，吸引用户观看，调动用户参与的积极性。

图5-13　2015年天猫“双十一”病毒视频广告截图

另一家电商——京东的知名病毒视频广告则是其2013年投入市场的“慢递”系列视频广告。“慢递”系列视频由两支独立病毒视频广告组成，以购买剃须刀和防晒霜作为叙事主线进行引导（如图5–14所示），正片部分没有任何涉及京东的广告元素，只是看似单纯的描摹“双十一”购物快递速度慢的问题，但却在隐射阿里巴巴旗下的淘宝和天猫的物流效率低下。结合2012年淘宝大量订单延迟发货的新闻，则足见京东这个系列广告的讽刺意味。而在正片部分结束后，京东打出“不光低价，快才痛快”的广告语，更是凸显了京东平台在物流渠道的强大实力。该案例在当年引发了广告业内的热烈讨论。

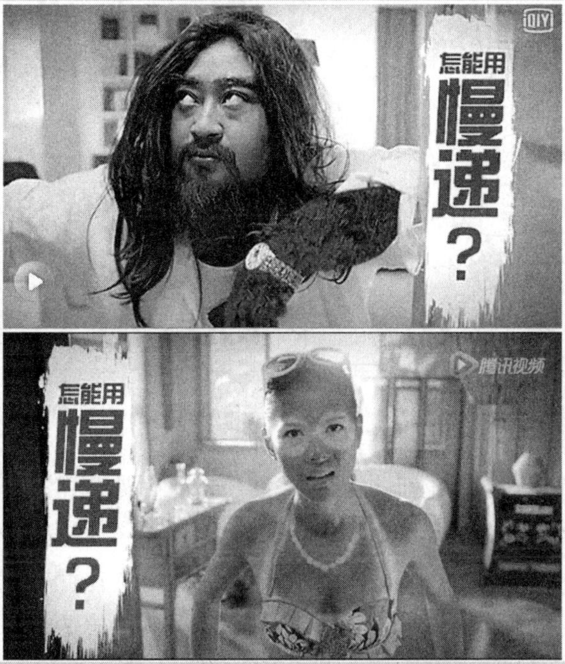

图5–14　2013年京东“双十一”病毒视频广告截图

三、社交媒体广告

社交媒体是互联网发展过程中兴起的又一重要新媒体平台，从一开始的博客到微博、微信，再到各种形态的社交媒体平台，如图片社交平台、音乐社交平台等，世界范围内的社交媒体都呈现出蓬勃发展的态势。

国内以微博、微信为代表的社交媒体，其信息发布具有高自发性、多媒介性、强传播性等特质。从内容来看，其内容承载包括文字、图片、动画、视频、音频、HTML5等多种媒介形态的内容，使用者可以选择单一媒介进行信息发布，也可以任意选择多种媒介共同完成信息发布。从传播模式来看，社交媒体是互联网交互式传播的典型代表，与传统大众传媒不同，社交媒体所体现的去中心化信源构建、多层级指数传播以及次中心信息再造，为社交媒体上的信息传播提供了助力。只要内容足够生动有趣，使用者即可进行转发，从而开启指数传播的大门（如图 5-15 所示）。

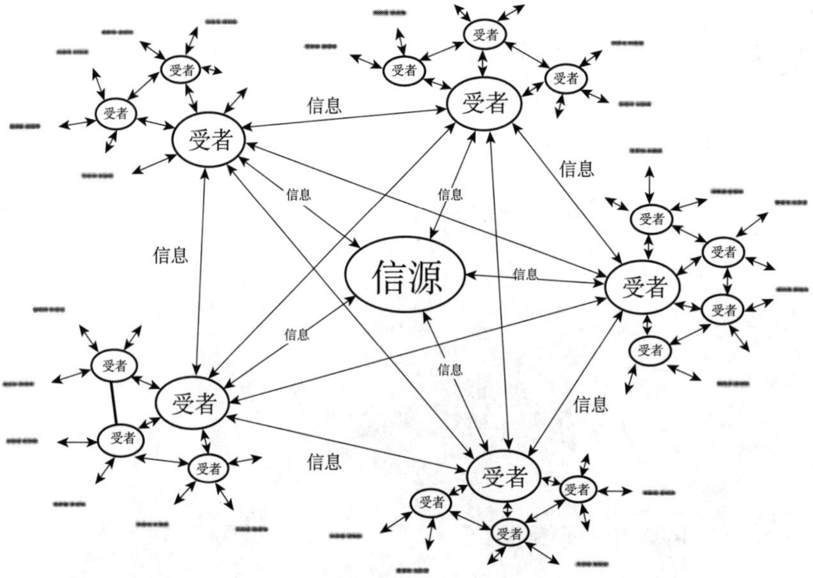

图 5-15　新媒体广告传播示意图[①]

社交媒体广告即指在社交媒体上进行传播的广告，因社交媒体自身内容的多媒介和多元化属性，社交媒体广告构成更加前沿而多样。根据新浪微博发布的 2015 年第三季度财报显示，微博的广告收入达 1.06 亿美元，同比上涨 62%。[②] 由此可见，社交媒体广告发展已经日臻成熟，成了新媒体广告不可小觑的领域。随着社交媒体本身的发展壮大和信息承载力的扩充，社交媒体广告也在不断地进行从内容到形式的创新。此处选取部分较为典型的社交媒体广告形式，以期激发读者对新媒体广告发展及设计理念的思考。

（一）文案广告

文案广告是自广告诞生伊始即与之相伴的一个重要概念，指通过文字或图片的方式，更好地传递广告诉求，打动消费者，刺激消费购买行为的广告模式。这一传统的广告模式在新媒体时代不仅没有被淘汰，反而被不断地改造。简短且精辟的广告文案符合社交媒体平台短平快的传播模式，妙趣横生的语句构成更可以为用户的转发提供动力。以微博平台为例，平台限制 140 个字为单次信息发布的上限（长微博除外），文案广告可以更好地契合这一社交媒体的平台要求，并将每个转发用户视为一个新的传播节点，助力广告更好、

① 张幼斌，李亚昕 . 新媒体对广告传播模式的影响［J］. 现代广告，2011（7）：42-43.

② 何凯龙 . 广告收入创新高，一张图知悉微博 Q3 财报［EB/OL］.［2015-11-19］. http：//www.adquan.com/post-5-32613.html.

更广地传播。在这个过程中，能够被传播的文案广告大致有如下三个特点：一是紧密结合时下热点话题；二是通俗易懂，减少理解障碍，方便多群体传播；三是用词、配图生动有趣，角度新颖，创意性高。

案例精选

杜蕾斯品牌在新浪微博平台认证了官方微博后，其官微对于极具实效性话题的文案设计一直以高效、优质著称。其文案设计既与当下热点紧密结合，又与产品本身产生或明或暗的含义关联。可以说，杜蕾斯文案设计团队是社交媒体平台上文案广告设计的优秀团队之一。

2014 年李娜退役，杜蕾斯速度反应，发布配图文案“一路有李，娜就很好”（如图 5-16 所示）。

图 5-16　杜蕾斯新浪官方微博截图

2012 年刘翔旧伤复发，在奥运赛场上走完全程，杜蕾斯随即发布单文字微博“最快的男人并不是最好的，坚持到底才是真正强大的男人”（如图 5-17 所示）。

图 5-17　杜蕾斯新浪官方微博截图

（二）平台嵌入广告

平台嵌入广告是指在微博、微信等社交媒体平台上发布的广告（如图 5-18 所示）。其中又可分为两种不同的类型，一是与网页条幅广告相似的在既有页面空间进行广告展示的广告；二是平台基于后台数据进行投放市场细分，专门推送给符合广告主目标人群定位的社交媒体使用者的广告，即基于大数据算法的 Feed 流广告。Feed 流广告是指在发布的消息之间插入广告的一种广告形式，多用于各类社交媒体平台。以微信朋友圈的推送广告为例，一条广告并不是所有微信用户都可以看得到，而是微信后台基于大数据算法后进行细分推送的。算法指标包括日常的支付习惯、个人标签、朋友圈关键词、定位场所等，以此来进行细分市场的精准信息投放（如图 5-19 所示）。

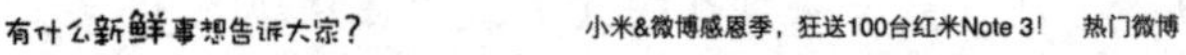

图 5-18　微博平台广告位截图

图 5-19　微信朋友圈广告

在社交媒体上进行广告投放是为了更好地利用目前发展势头迅猛的社交媒体来提高广告效果。从信息传播到达率来看，这种内嵌社交媒体本身的广告形式可以让使用者在使用社交媒体的过程中完成广告信息的接收，同时与社交媒体平台上既有内容的形态相似，容易提高用户的心理接受程度。从广告产生的反馈效果来看，以微信朋友圈广告为代表的基于大数据后台算法来进行标签化投放广告的形式，可以更好地帮助广告主找准目标市场，并对目标市场中的潜在人群进行精准的、个性特征明显的广告投放。将大数据技术直接用于广告投放，并且以数据信息为参考进行专门的广告设计，这对新媒体时代下广告发展有着极为重要的借鉴意义。

但同时，广告从业者和各类平台也应该清醒地认识到，目前用户对于社交媒体的使用诉求依旧是进行虚拟社交而非广告阅读。如果过于多而滥地投入广告，将有可能直接影响使用者对于社交媒体的使用心态，降低社交媒体使用黏性，造成使用者流失。如果社交媒体的使用者减少，那也势必会降低广告的传播效力。因此，如何充分而又适度地进行社交媒体平台上的广告投放，是广告从业者和平台管理者需要考量的问题。

（三）品牌自产广告

品牌自产广告，是指广告主即产品提供者在社交媒体平台以公司名义申请认证账号，如新浪微博的企业认证和微信公众号的企业机构认证，从而直接介入社交媒体平台，吸引粉丝关注，推广产品。上文提到的杜蕾斯新浪官方微博即为杜蕾斯公司在新浪微博平台上的品牌形象构建代表。根据腾讯公司 2015 年业绩报告显示，目前腾讯微信平台上的品牌微信号已多达 800 万个，① 社交媒体平台上的品牌入驻情况足见一斑。

让广告主直接在社交媒体平台上进行广告投放，一来是可以更加直观地了解市场需求，广告主可以根据其在社交媒体平台上的使用表现去调整广告战略，实现广告内容和形式的最优方案，加强广告效果；二来是可以直接以官方身份与普通网民进行互动，在打造亲民的公司形象的同时深切了解用户对广告的反馈，并借机探求用户的需求点所在；三来是可以让自己的品牌形象时刻活跃于用户的日常生活中，极大程度上避免传统广告的线性传播，提高用户看见品牌广告的机会，给用户留下较为深刻的印象，并以此来巩固品牌地位。

目前，新浪企业认证和微信企业认证公众号的数量已经十分庞大，不少公司账号每天都有至少一篇的广告信息或相关内容的推送，在出现社会热议话题的时候，这些账号也可以快速在社交媒体上进行反应和反馈。如上文案例精选中杜蕾斯新浪官方微博的案例，杜蕾斯公司通过参与话题制造或话题引导，介入公众认知议程，从而增强企业或产品的影响力和可辨识度。

但是，目前纷繁复杂的社交平台已经形成了使用者的买方市场，使用者可以根据认证账号平时推送的内容质量及风格来挑选自己喜欢的账号进行关注，这就要求企业在直接介入社交媒体平台的时候，必须能给平台使用者提供及时、个性、有用和能提供信息增量的内容。在同质化信息泛滥的今天，要做到这样的信息提供并非易事，由此给广告从业者带来了极大的挑战。

（四）故事性广告

故事性广告是近年来出现在社交媒体上的一种以某种故事或分析为开篇，但在结尾处话锋一转进行广告宣传的长图文类广告，在微信朋友圈和微博平台均可见此类作品。这种

① 2015 微信用户数据报告［EB/OL］.［2015-01-27］. http：//www.199it.com/archives/324845.html.

广告作品是以引人注目的一些话题为吸引点让使用者自发自觉地点击进入广告页面深入阅读，同时在架构话题故事的时候逐步向自身品牌或产品进行潜移默化的引导，最后在结尾处话锋一转进行广告宣传，既实现了结局的翻转让人会心一笑，又通过强烈的比对和创意让人印象深刻，从而达到广告的传播效果。

故事性广告多与时下发生的事件或热门现象联系，其作用原理与新闻领域的“标题党”类似，均是以引人注目的话题吸引用户关注。但与“标题党”不同的是，故事性广告的内容引导性更加强烈，在不改变既有故事的逻辑架构的基础上，将故事引导至广告产品宣传的方向，并加以合理拼接，将广告很好地融入故事的既有逻辑之中。故事性广告一方面增加了故事本身反转结局的趣味性，另一方面也有利于品牌的创新性和活力。

案例精选

2015 年 9 月，热门 IP 改编的现象级国产剧《琅琊榜》登陆卫视和视频平台，掀起了一场追剧狂潮，网络平台的累计播放量高达 35 亿，电视收视率也节节攀升。随着《琅琊榜》的热播，社交媒体中对剧本、角色、制作、改编等方面的讨论和分析也不断涌现，在微信朋友圈更是以“刷屏”之势引发了热议。

随后，微信朋友圈出现了这样一则公众号推送文章，以“什么？梅长苏没死？”为标题（如图 5–20 所示），结合剧情和细节展开生动的分析。当观点论证完毕后，在文章结尾画风一转进而开始房地产广告的内嵌（如图 5–21 所示）。目前，该文章的阅读量已经超过 10 万，文内点赞量达到 2 280。

图 5–20 《什么？梅长苏没死？》微信公众号文章截图

在杭州的钱塘江边选来选去，苏先生终于找到了个好地方。

中海·御道！钱塘江边上，享受钱江新城CBD国际性配套，交通便捷，江面景观400米，玉带环腰的风水格局，50万㎡大社区，多种户型选择！苏先生仰天长笑，“这下我再也不用担心江左盟兄弟们住哪了！”

图 5–21 《什么？梅长苏没死？》微信公众号文章截图

这种以热门故事或分析为切入点，不断将读者引入广告阅读的微信、微博广告已不再是少数。一篇名为《感人故事：Uber 叫到前男友的车（深度好文）》也在社交媒体上引发热议，正文部分均为与题目相关的故事叙述，在合理过渡后话锋一转变成了中国人民大学的宣传材料。该文的阅读量已超过 10 万，文内点赞数达 1 502。

（五）HTML5 创意广告

HTML5 技术简称 H5 技术，是 2014 年出现在移动终端上的新兴技术，是万维网的核心语言、标准通用标记语言下的一个应用超文本标记语言（HTML）的第五次重大修改。H5 技术通过更加深度的交互体验，真正改变了用户在移动终端的使用体验。目前 H5 技术在移动终端上已经得到了广泛的应用，用途包括会议邀请、活动介绍、创意游戏、投票统计、随机抽奖以及广告宣传。其中 H5 创意广告在目前的新媒体广告领域属于技术创意性最强的一个类别。

从互动的角度来看，H5 创意广告基于 H5 技术，强烈的互动性特质让各种类型广告都是由用户自发完成的，而非用户被动输入。如在 H5 创意广告中设置下滑翻页、点击按钮的交互动作，用户会基于兴趣和好奇自主地完成这样的动作。相较于原有广告存在于一定位置，让用户不得不看，这样的互动体验性广告显然更能加深用户对产品或品牌的印象。

从形式的角度来看，H5 创意广告可以用技术手段实现更加多元的图文、视频、游戏、音频的结合，真正做到单一平台上的融媒体式推广。如 H5 创意广告可以同步加载图文和音频，而翻页后可能会出现视频的播放，单击按钮后有可能会出现在线的简易小游戏。如阿迪达斯上线的《罗斯·永不凋谢》H5 创意广告即将上述元素进行了结合，配合精美的页面制作，给用户营造更好的广告体验（如图 5–22 所示）。

图 5-22　H5 创意广告《罗斯 · 永不凋谢》截图

H5 创意广告的创意主体主要聚焦于展现和互动形式，从一开始的只能翻页浏览，到现在的游戏性浏览，H5 创意广告在互动形式方面的创新日益多元和深化。在智能移动终端不断普及的当下，这样的深互动、强趣味、多形态的广告更加能够激发用户兴趣，提高广告传播效力。但是H5创意广告依旧有内容和技术的局限，因为H5技术本身是基于网络环境下的交互技术，因此，在播放H5创意广告的时候会产生大量的数据流量，并且交互设计越复杂，流量损耗越大，在网络条件尚不完善的地区会给广告投放带来较大的技术难度。同时，H5创意广告的主要投放市场是移动终端，为了更好的用户体验，内容信息量不宜过大，诉求应该更加简单，这对整个广告的策划和文案设计提出了更高的要求。

案例精选

2015年一篇名为《吴亦凡即将入伍？！》的文章在朋友圈疯狂转发，看似是娱乐新闻，实则是基于H5技术制作的创意广告。在广告中，吴亦凡跳出镜头直接出现在用户的手机屏幕中（如图5–23所示），并且设计了吴亦凡视频电话接听等互动桥段，引发了强烈的讨论。选择吴亦凡这样一个当红明星，结合“即将入伍参军”的娱乐炒作话题，用H5技术的强互动性加以呈现，使广告得到了极高的传播效力。在2015年腾讯游戏嘉年华首届行业峰会上，腾讯互娱市场部创意总监李若凡公布，该H5创意广告累计PV（Page View，即页面浏览量）达到650万次，转发率为5.98%。[①] 由此可见，H5创意广告在新媒体市场具有巨大的发展能量和长远的发展前景。

图5–23 H5创意广告《吴亦凡即将入伍？！》截图

① 腾讯创意总监李若凡：“吴亦凡入伍”H5广告PV达650W [EB/OL]. [2015–11–14]. http://mp.weixin.qq.com/s?__biz=MjM5NjMxNzAzNw==&mid=400567284&idx=2&sn=c5017d78cbe7ea92224864dfc983fb08&3rd=MzA3MDU4NTYzMw==&scene=6#rd.

另外值得注意的是，虽然H5技术是基于移动终端的新兴技术，但《吴亦凡即将入伍？！》广告的制作方也没有忽略网页端用户的用户体验，专门制作了简单的网页版互动，内嵌了移动端完整广告的二维码，更好地实现了端对端的流量转化（如图5–24所示）。

图 5–24　H5 创意广告《吴亦凡即将入伍？！》网页截图

随后，依旧是以吴亦凡为主要人物，另一个H5创意广告又在2015年出现在微信朋友圈，这次的广告为了更好地增强互动性，内嵌了360度全景照片互动的形式，即用户转动自己的手机，便可查看吴亦凡房间内各个角度的景象，点击其中出现的相应物品，会实现独立的效果呈现，成为H5创意广告的另一个现象级案例（如图5–25所示）。

图 5–25　H5 创意广告《吴亦凡房间全景图》截图

四、搜索引擎广告

搜索引擎广告是指广告主根据自己产品、服务的特点确定关键词，撰写广告内容并定价投放的广告。当用户在搜索引擎中搜索该关键词的时候，广告主的广告页面就会出现在搜索结果中，用户点击即完成一次广告收费。在这一过程中，如果有两个或两个以上的广告主选定同一个广告关键词，搜索引擎将根据双方的出价情况进行竞价排名，出价高的广告主排名靠前。

伴随着互联网普及率的扩大，搜索引擎成了互联网使用不可或缺的重要元素，因此，搜索引擎广告的市场份额也在不断加大。根据艾瑞咨询的《2015 年中国网络广告行业年度监测报告》显示，搜索引擎广告在 2015 年占比达到 28.5%，位列市场份额占比之首，并且有继续增加的趋势。“2014 年搜索引擎广告（仅含关键词广告与联盟展示广告）市场规模达到 524.9 亿元，同比增长达到 52.1%。关键词广告与联盟展示广告是搜索引擎网站最核心的业务，未来将会保持较为稳定的增长。搜索引擎广告作为成熟的网络广告模式，基于用户的主动搜索行为，能够提供良好的曝光率与较高 ROI，未来仍将持续受到广告主的青睐。移动搜索广告的快速增长是搜索引擎网站发展的新动力。”①

由此，搜索引擎广告在新媒体广告市场的实力不容小觑。此外，以百度为代表的搜索引擎在采用关键词竞价排名等广告投放模式之外，还在搜索页面进行页面条幅广告的展示。以百度为例，百度基于个体搜索的大数据算法，在用户关键词搜索结束后，在右侧边栏推荐与关键词相似或有联系的搜索结果，并且根据用户之前的搜索内容，给用户提供定制化的搜索推荐。在完成这两部分大数据算法内容后，百度会给用户推广广告链接，有了以上两部分大数据算法内容的铺垫，为用户形成心理预设，使用户认为所推广的链接也是基于他本身的诉求定制产生的，以此来完成广告投放（如图 5-26 所示）。

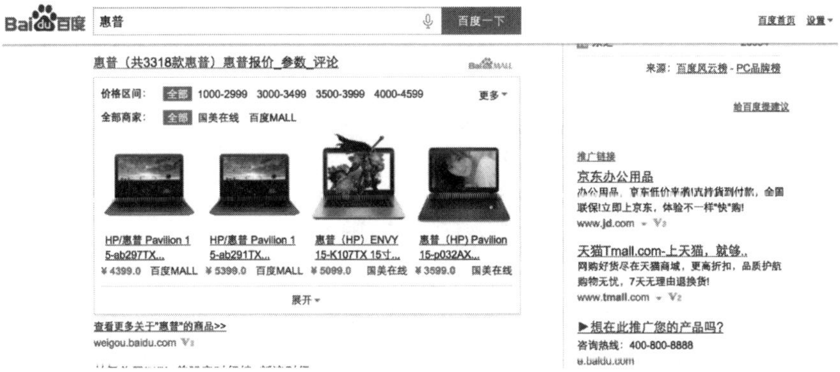

图 5-26 百度搜索引擎广告位截图

五、数字标牌广告

数字标牌是互联网发展的产物之一，具体形态表现为在大型商场、超市、酒店大堂、

① 数据来源：2015 年中国网络广告行业年度监测报告。

饭店、影院及其他人流汇聚的公共场所，通过大屏幕终端显示设备，发布商业、财经和娱乐信息的多媒体专业视听系统。这是将互联网的技术和思维运用于更加广泛的物体互联，实现更好的互动体验的新形式，从本质上来讲还是互动思维的延伸。

从定义上来看，数字标牌本身就内含广告需求，可以让用户更好地体验产品服务，将产品的元素植入标牌设备，让用户在观看和体验的时候可以直观感受产品或品牌的力量。目前最具有代表性的数字标牌应用除了公共场所的终端显示和互动设备外，就是体感式设备，如虚拟试衣镜。虚拟试衣镜是将品牌服饰导入终端设备，通过一系列的编程控制，让每一个站在镜子前的用户都可以通过手势控制挑选衣物，并且在镜中产生虚拟的试衣效果，降低了试衣过程的烦琐，在极具娱乐性的同时，让用户可以更快更好地挑选到适合自己的衣服。虚拟试衣镜的技术虽然还没有在线下销售普及，但在新媒体时代，诸如此类的广告技术会极大地改变原有线下广告的形态，对易拉宝、海报、招贴画等传统户外广告形态产生冲击，让新媒体广告从线上走向线下，在现实生活中产生更大的影响。

但是，数字标牌广告的投入成本较大，技术壁垒较高，全品牌推广有一定的难度。因此，数字标牌广告投放在成本方面会成为其大面积发展的主要阻力。此外，数字标牌对设立环境的要求，如电压、网络速度等相对较高，也可能为其大面积投放增加难度。

六、APP 广告

APP 广告是指内嵌在智能手机应用内的广告，主要以进入界面的打开广告、APP 的底栏广告为主。智能手机的普及为 APP 应用带来了多样化发展，越来越多的 APP 进入手机应用市场。作为 APP 本身的盈利领域，广告植入越来越多地出现在 APP 中（如图 5-27 所示）。

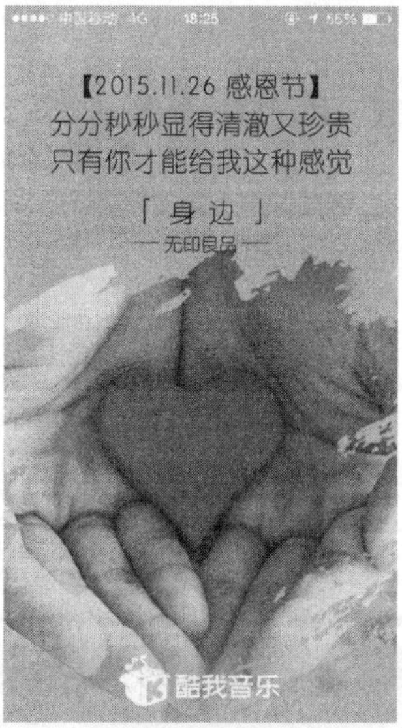

图 5-27　酷我音乐 APP 打开界面广告

从本质上来讲，这与网络视频的贴片广告及网站的条幅广告相似，都是在观看或使用产品内容的必经过程中设计广告或是在产品页面上的固定区域放置广告。但这与二者又有些许不同。视频贴片广告停留时间较长，多以视频形态呈现，较长的等待时间可能会造成使用者对产品产生负面印象，而APP的打开广告以图片为主要形式，存在时间在3秒以内，不会造成太多的等待和不便。对于底栏广告而言，APP中的底栏广告可以通过付费的形式取消，而网站页面的条幅广告则会一直存在。付费使用无广告版的形式可以为APP增加新的盈利渠道，并且给用户提供无广告的选择，相对于网站页面的条幅广告而言更加人性化。

但从另一个角度来看，目前移动终端应用市场上，同质化的APP很多，APP的可替代性逐步增强，如果一个APP内有太多广告影响使用体验或美观效果的话，很有可能被用户放弃使用。因此，APP开发商在考虑增加广告收入的同时，应该更加关注用户体验，从而确保两者平衡。

第三节 新媒体广告的特征

通过上文对新媒体广告形态的梳理，不难发现，伴随着新媒体本身的发展和壮大，新媒体广告的形态、内容、介入媒介已经开始有了更全面的发展，传统广告各类媒介形态泾渭分明的态势已经被彻底地打破，媒介融合时代下广告也在不断地进行多媒体融合的尝试。互联网掀起的个性化、定制化热潮也在不断地影响着新媒体广告的发展，使得充满创意、个性张扬的广告越来越多地呈现在用户眼前。

但如同传统广告一样，即使新媒体广告呈现了更加多元的表现形态，但成功的新媒体广告上所表现出的共性和特性依然值得关注。

一、注重品牌营销

新媒体广告和传统广告在设计思路上有显著差别，传统广告以产品营销作为主要出发点，广告设计多突出产品本身的特性。而新媒体广告则兼顾产品特性和品牌推广，甚至在一定程度上更加青睐于品牌营销，这与新媒体平台对于广告内容趣味性和创意性的要求有着密切关系。同时，越来越多的广告主也意识到公司的整体品牌形象对于公司的产品售卖、用户口碑提升、业务拓展等多方面均有益处。因此，新媒体广告越来越迎合品牌传播的需求，注重品牌的打造。

所谓“品牌传播”是指一种操作性的实务，即通过广告、公关、新闻报道、人际交往、产品或服务销售等传播手段，极大地提高品牌在目标受众心目中的认知度、美誉度、和谐度。[①]

① 舒咏平.品牌传播策略[M].北京：北京大学出版社，2007：20.

当下大部分新媒体广告都旨在推动品牌传播，弱化产品自身的推广。这么做的优势在于，降低用户对于推销产品的心理抵触情绪，更好地接受广告信息，同时可以很好地构筑品牌形象，为产品和服务销售打下坚实的品牌基础。

二、重点强化互动性

相较于传统媒体，新媒体最大的创新之处在于其双向互动性，通过打通传受双方的互动渠道可以更好地进行反馈信息的收集，同时也可以将一次传播的受众转化为二次传播的信源，完成信息的多层级传播。新媒体广告为了更好地契合新媒体平台的互动特质，在进行广告设计之初即将互动元素融入其中，H5 创意广告就是这一特质的典型代表。当下这样的特质在社交媒体平台体现的较为明显，在视频网站则依靠“弹幕”“留言”等形式完成信息搜集。而在以门户网站为代表的互联网网站，新媒体广告的互动性相对薄弱。由此可以看出，新媒体广告的互动性发展是一个基于技术和从业者新媒体认知的一个动态发展的过程，目前，依旧有部分新媒体广告的互动性较差，为新媒体广告互动性的深度发展留有空间。

但是相对于传统线性广告而言，新媒体广告已经极大地打破了线性传播规律，开始进行同步的广告传递，因此，从大的格局上来看，新媒体广告的互动性依旧引人注目。

三、基于大数据的精准投放

融入大数据分析是新媒体广告在技术方面的又一特征，大数据抓取和分析技术的进步使得广告从业者得到用户的特征性数据成为可能。每一个新媒体使用者都会在网络上留下使用痕迹，包括浏览信息的情况、关键词搜索的情况、社交媒体上的标签及留言等。根据这样一些使用痕迹，分析者可以通过数据抓取，实现对每一个个体的行为分析，从而在大范围内继续细分市场，基于每个人的不同使用侧面，将其划入不同的细分阵营。如目前的微信公众号提供开源入口，分析员可以通过公众号关注者的历史点击情况，给每一个个体进行标签化管理，如性别标签、娱乐信息浏览标签、科技信息浏览标签等。在进行内容推送的时候，分析员也可以根据这些标签进行定制化的信息推送，如给平常浏览较多娱乐信息的人推送娱乐性较强的广告内容，给女性标签的用户推送更加情感化的广告内容等，由此实现细分市场的广告精准投放。

从目前的新媒体广告实践情况可知，微信朋友圈广告、百度搜索页面广告均已开始基于大数据分析原理进行细分市场的精准广告投放。伴随着大数据分析和处理技术的日臻完善，大数据在广告市场的运用将更加多样和深入，从而提高广告投放的效率，强化广告效果，节省投放成本，实现更好的广告策略和内容的制定。

在完成了前期的市场划分之后，大数据技术还可以帮助广告从业者追查广告投放效果，统计包括打开率、转发率、评论率等数据，形成简单的KPI（Key Performance Indicator，关键绩效指标）设定，实现对广告投放效果的评估，从而更好更快地进行内容调整，提高广告质量，并在逐步调整中让广告更加满足市场需求。

由此，大数据技术的运用在新媒体广告的设计和投放环节有着举足轻重的意义，相较于传统广告只能通过问卷或样本采集的方式确定广告市场并难以对广告效果进行深入评估，新媒体广告显然在广告投放的最初和最终环节拥有更加科学的考评方式，进而会在投放的过程中有更加明智的决策和针对性的内容生产。

四、娱乐性和创意性特质突显

根据目前新媒体广告的类别和作品情况，新媒体广告中的娱乐性和创意性成了主导广告成功与否的重要因素。受当前娱乐化的影响，大部分用户对于娱乐性内容的兴趣远高于严肃性内容，同时钟情于创意性内容。以上文所举的故事性广告为例，在《琅琊榜》的各种分析充斥于网络并且极尽信息饱和的情况下，从结局入手进行严谨分析并在后面嵌入广告的做法得到了用户的一致认可，高阅读量和点赞量传达了用户对于这种具有创意性的广告的追捧。

此外，新媒体广告的形式创新也是其娱乐性与创意性的体现，如各类H5创意广告，其互动方式的设计都兼具娱乐性与创意性。从创新扩散的角度来看，当前新媒体广告的用户多青睐于在创新事物出现初期即开始尝试，符合新媒体时代加快公众适应新生事物速度的规律，因此，新媒体广告的娱乐性和创意性便成了获取用户支持的内生动力。

第四节　新媒体广告存在的问题

伴随着新媒体广告的多元发展和形式创新，一些在传统广告时期不会出现的问题也慢慢突显出来。因为新媒体尚属新兴发展的平台，一些平台的使用规范和内容要求还有待建立健全，这为问题广告的滋生提供了平台条件。同时部分新媒体广告凭借互联网平台的匿名性，在广告中掺杂不合法、不道德的内容或推行不提倡的价值观念，扰乱了广告市场并给用户带来了不良的使用体验甚至是经济损失。因此，应该清楚地分析并发现新媒体广告的炫目光环下所存有的问题和隐患，并以此为鉴，使新媒体广告得以更好地发展。

一、违禁、虚假广告泛滥，网络欺诈现象丛生

在传统媒体时期，广告的刊发需要经过严格的媒体审核，不管是纸质媒体还是广电媒

体，都需要对所登广告进行审查和核实，即便如此，依旧会发生违法或虚假广告被播出的事件。而在新媒体时代，网络的低准入门槛和低审查制度为不少违法、虚假广告创造了生存空间。以药品广告为例，早在2008年国家食品药品监督管理总局即发布了45家非法售药的网站名单。从2012年至今，国家食品药品监督管理总局又陆续公布了多批严重违法广告名单。这些广告大多在新媒体平台进行宣传，自建网站或是在门户、社交媒体平台进行广告投放。受制于新媒体平台的匿名属性，即便是网站平台也难以对此类蓄意违法的广告进行彻底的查处。并且被查处的网站很有可能重新注册域名进行二次宣传，这样屡禁不止的现象成了新媒体广告治理的一大难点。

与违禁、虚假广告一样，网络诈骗是又一拉低新媒体广告质量的现象。比较常见的是以弹窗广告的方式出现，告知用户在某活动中中奖，并以此进行病毒传播或信息诈骗，造成用户的损失。

以上两种关于新媒体广告行业问题的现象究其根本还在于当前新媒体平台整体监管不严，信息核对和审查环节有所缺失。这样的广告混迹于新媒体广告之中，会对新媒体广告本身的公信力和传播力造成极大的影响。对此，国家于2015年颁布实施了《中华人民共和国广告法》，对一些可能被不法分子利用进行虚假宣传的环节进行了整治。

背景延伸

2015年9月1日实施的《中华人民共和国广告法》中对于广告内容的规定：

第八条　广告中对商品的性能、功能、产地、用途、质量、成分、价格、生产者、有效期限、允诺等或者对服务的内容、提供者、形式、质量、价格、允诺等有表示的，应当准确、清楚、明白。广告中表明推销的商品或者服务附带赠送的，应当明示所附带赠送商品或者服务的品种、规格、数量、期限和方式。法律、行政法规规定广告中应当明示的内容，应当显著、清晰表示。

第九条　广告不得有下列情形：（一）使用或者变相使用中华人民共和国的国旗、国歌、国徽，军旗、军歌、军徽；（二）使用或者变相使用国家机关、国家机关工作人员的名义或者形象；（三）使用"国家级""最高级""最佳"等用语；（四）损害国家的尊严或者利益，泄露国家秘密；（五）妨碍社会安定，损害社会公共利益；（六）危害人身、财产安全，泄露个人隐私；（七）妨碍社会公共秩序或者违背社会良好风尚；（八）含有淫秽、色情、赌博、迷信、恐怖、暴力的内容；（九）含有民族、种族、宗教、性别歧视的内容；（十）妨碍环境、自然资源或者文化遗产保护；（十一）法律、行政法规规定禁止的其他情形。

第十条 广告不得损害未成年人和残疾人的身心健康。

第十一条 广告内容涉及的事项需要取得行政许可的，应当与许可的内容相符合。广告使用数据、统计资料、调查结果、文摘、引用语等引证内容的，应当真实、准确，并表明出处。引证内容有适用范围和有效期限的，应当明确表示。

第十二条 广告中涉及专利产品或者专利方法的，应当标明专利号和专利种类。未取得专利权的，不得在广告中谎称取得专利权。禁止使用未授予专利权的专利申请和已经终止、撤销、无效的专利做广告。

第十三条 广告不得贬低其他生产经营者的商品或者服务。

第十四条 广告应当具有可识别性，能够使消费者辨明其为广告。大众传播媒介不得以新闻报道形式变相发布广告。通过大众传播媒介发布的广告应当显著标明“广告”，与其他非广告信息相区别，不得使消费者产生误解。广播电台、电视台发布广告，应当遵守国务院有关部门关于时长、方式的规定，并应当对广告时长做出明显提示。

第十五条 麻醉药品、精神药品、医疗用毒性药品、放射性药品等特殊药品，药品类易制毒化学品，以及戒毒治疗的药品、医疗器械和治疗方法，不得做广告。前款规定以外的处方药，只能在国务院卫生行政部门和国务院药品监督管理部门共同指定的医学、药学专业刊物上做广告。

第十六条 医疗、药品、医疗器械广告不得含有下列内容：（一）表示功效、安全性的断言或者保证；（二）说明治愈率或者有效率；（三）与其他药品、医疗器械的功效和安全性或者其他医疗机构比较；（四）利用广告代言人做推荐、证明；（五）法律、行政法规规定禁止的其他内容。药品广告的内容不得与国务院药品监督管理部门批准的说明书不一致，并应当显著标明禁忌、不良反应。处方药广告应当显著标明“本广告仅供医学药学专业人士阅读”，非处方药广告应当显著标明“请按药品说明书或者在药师指导下购买和使用”。推荐给个人自用的医疗器械的广告，应当显著标明“请仔细阅读产品说明书或者在医务人员的指导下购买和使用”。医疗器械产品注册证明文件中有禁忌内容、注意事项的，广告中应当显著标明“禁忌内容或者注意事项详见说明书”。

第十七条 除医疗、药品、医疗器械广告外，禁止其他任何广告涉及疾病治疗功能，并不得使用医疗用语或者易使推销的商品与药品、医疗器械相混淆的用语。

第十八条 保健食品广告不得含有下列内容：（一）表示功效、安全性的断言或者保证；（二）涉及疾病预防、治疗功能；（三）声称或者暗示广告商品为保障健康所必需；（四）与药品、其他保健食品进行比较；（五）利用广告代言人做推荐、证明；（六）法律、行政法规规定禁止的其他内容。保健食品广告应当显著标明“本品不能代替药物”。

第十九条 广播电台、电视台、报刊音像出版单位、互联网信息服务提供者不得以介绍健康、养生知识等形式变相发布医疗、药品、医疗器械、保健食品广告。

第二十条 禁止在大众传播媒介或者公共场所发布声称全部或者部分替代母乳的婴儿

乳制品、饮料和其他食品广告。

第二十一条 农药、兽药、饲料和饲料添加剂广告不得含有下列内容：（一）表示功效、安全性的断言或者保证；（二）利用科研单位、学术机构、技术推广机构、行业协会或者专业人士、用户的名义或者形象做推荐、证明；（三）说明有效率；（四）违反安全使用规程的文字、语言或者画面；（五）法律、行政法规规定禁止的其他内容。

第二十二条 禁止在大众传播媒介或者公共场所、公共交通工具、户外发布烟草广告。禁止向未成年人发送任何形式的烟草广告。禁止利用其他商品或者服务的广告、公益广告，宣传烟草制品名称、商标、包装、装潢以及类似内容。烟草制品生产者或者销售者发布的迁址、更名、招聘等启事中，不得含有烟草制品名称、商标、包装、装潢以及类似内容。

第二十三条 酒类广告不得含有下列内容：（一）诱导、怂恿饮酒或者宣传无节制饮酒；（二）出现饮酒的动作；（三）表现驾驶车、船、飞机等活动；（四）明示或者暗示饮酒有消除紧张和焦虑、增加体力等功效。

第二十四条 教育、培训广告不得含有下列内容：（一）对升学、通过考试、获得学位学历或者合格证书，或者对教育、培训的效果做出明示或者暗示的保证性承诺；（二）明示或者暗示有相关考试机构或者其工作人员、考试命题人员参与教育、培训；（三）利用科研单位、学术机构、教育机构、行业协会、专业人士、受益者的名义或者形象做推荐、证明。

第二十五条 招商等有投资回报预期的商品或者服务广告，应当对可能存在的风险以及风险责任承担有合理提示或者警示，并不得含有下列内容：（一）对未来效果、收益或者与其相关的情况作出保证性承诺，明示或者暗示保本、无风险或者保收益等，国家另有规定的除外；（二）利用学术机构、行业协会、专业人士、受益者的名义或者形象做推荐、证明。

第二十六条 房地产广告，房源信息应当真实，面积应当表明为建筑面积或者套内建筑面积，并不得含有下列内容：（一）升值或者投资回报的承诺；（二）以项目到达某一具体参照物的所需时间表示项目位置；（三）违反国家有关价格管理的规定；（四）对规划或者建设中的交通、商业、文化教育设施以及其他市政条件做误导宣传。

第二十七条 农作物种子、林木种子、草种子、种畜禽、水产苗种和种养殖广告关于品种名称、生产性能、生长量或者产量、品质、抗性、特殊使用价值、经济价值、适宜种植或者养殖的范围和条件等方面的表述应当真实、清楚、明白，并不得含有下列内容：（一）做科学上无法验证的断言；（二）表示功效的断言或者保证；（三）对经济效益进行分析、预测或者做保证性承诺；（四）利用科研单位、学术机构、技术推广机构、行业协会或者专业人士、用户的名义或者形象做推荐、证明。

第二十八条 广告以虚假或者引人误解的内容欺骗、误导消费者的，构成虚假广告。

广告有下列情形之一的，为虚假广告：（一）商品或者服务不存在的；（二）商品的性能、功能、产地、用途、质量、规格、成分、价格、生产者、有效期限、销售状况、曾获荣誉等信息，或者服务的内容、提供者、形式、质量、价格、销售状况、曾获荣誉等信息，以及与商品或者服务有关的允诺等信息与实际情况不符，对购买行为有实质性影响的；（三）使用虚构、伪造或者无法验证的科研成果、统计资料、调查结果、文摘、引用语等信息做证明材料的；（四）虚构使用商品或者接受服务的效果的；（五）以虚假或者引人误解的内容欺骗、误导消费者的其他情形。

二、抄袭现象频发

新媒体广告的创意性是其得以发展和壮大的重要特质，在新媒体广告蓬勃发展的今天，大量同质化的新媒体广告充斥在各大平台，虽不排除有创意相似的可能性，但一些有较为明显的抄袭指标和抄袭证据的广告也在慢慢浮出水面。

例如，2014 年被热议的《追气球的熊孩子》广告抄袭事件，在优酷发布了为陌陌创作的商业广告后，NIKO EDWARDS 新青年艺术团队发表文章《少年不可欺》，提供了翔实的比对证据指责优酷抄袭其广告创意。随后，陌陌公司和优酷集团均发表声明要严惩广告抄袭的行为，进行内部调查和整顿。对此，梅花网撰稿《# 少年不可欺 # 那些从产品、品牌到广告的抄袭》盘点了近年来发生的各类广告抄袭事件，从网络广告到平面广告，抄袭现象频发令人咋舌。①

对于新媒体广告而言，内容和形式的创意将很大程度上决定广告能否取得良好的宣传效果，部分广告从业人员为了让商业利益最大化，直接照搬成功广告的创意元素，进行重新拼接甚至全盘照抄。这样的行为一方面会降低国内新媒体广告的广告质量，另一方面也会对品牌造成负面影响。从长远来看，这样的广告抄袭现象不利于整个行业的发展，会大大降低广告行业的原创动力，对广告行业未来发展造成严重的危害。

三、低俗化广告的出现

低俗广告是指内容和形式等方面以低级趣味、庸俗、有黄色或暴力影射等不良思想传播的广告。传统媒体时代，因为广告刊登需要媒体二次审核，所以低俗广告的规模和数量一直处于可控的范围之内，其影响也相对较小。但在新媒体时代下，低俗广告越来越多地充斥于各类平台之中。

---

① # 少年不可欺 # 那些从产品、品牌到广告的抄袭 [EB/OL]. [2014-12-01]. http：//www.meihua.info/a/40983.

其中游戏类广告中的低俗广告最为猖獗，不少网页游戏均以弹窗或边栏的方式推送低俗广告，打相关法律的擦边球，以此来吸引用户点击。[①] 此外，在部分网络视频播放器的广告位或弹出广告中，亦有低俗广告出现。因为缺乏明确的界定规范，这些低俗广告很容易以较高的广告回报出现在网络上，同时由于网络可以随时将内容进行上传和下线，给取证带来了较大的困难。

第五节　新媒体广告的内容设计思路

新媒体广告的设计思路主要涉及两个方面，一是内容方面，二是形式方面，其中形式方面的创意设计和新媒体技术的运用息息相关，属于技术创新运用的范畴。本书结合涉及新媒体编辑的新媒体广告设计，将重点关注新媒体广告的内容设计部分，从文案撰写思路、话题、撰写原则等方面，给予一定的观念指导。

一、策划原则：构建独立的品牌形象

新媒体上信息的迭代和更替速度极快，想要在新媒体领域独树一帜必须要有鲜明的品牌特色，因此，所有的广告设计都要围绕一个初衷——让用户记住，最佳的方式之一便是围绕品牌的价值内涵展开统一而独特的形象构建。如可口可乐品牌的宗旨在于年轻和分享，近年来可口可乐围绕这一品牌价值推出了许多新媒体广告作品，如“两瓶可乐才能互相开启”“让迪拜外籍劳工收集可乐瓶盖打电话”“团队合作攀登巨型自动售卖机购买可乐”等，将年轻与分享的宗旨体现得淋漓尽致，同时也在用户心中建立了良好的品牌形象，让自己品牌的故事和意识深入人心。

二、话题选择：紧抓热点话题，选择性进行热点广告设计

新媒体相较于传统媒体最大的特点就在于其信息传播的高时效性和高到达率。当某一突发事件发生时，新媒体上的信息传递是最快的，因此，新媒体广告在进行策划的时候一定要有热点意识。建立全面的热点追踪机制，并将热点现象与品牌特质进行联系。如上文选取的杜蕾斯的图文案例，在面对突发的社会热点事件时，杜蕾斯可以快速进行广告跟踪，做出反应，并且均与品牌形象有所联系。但有一点值得注意，一些带有负面影响的社会现象不应该盲目地跟随热点，如优衣库的试衣间事件，不少品牌都没有选择跟风进行广

① 弥可．擦边球不能这么打 低俗游戏广告大集合［EB/OL］．［2010-04-26］．http://games.sina.com.cn/o/n/2010-04-26/1111394386.shtml.

告宣传。因为从社会风气的角度而言，这种事件本身是不值得提倡和宣传的，所以在选择热点的时候也应该进行价值判断，而非盲目跟风。

三、时机选择：独乐乐不如众乐乐

在热点事件发生时，不少商家都会进行相应的广告策划，在这个时候，可以考虑与同质化品牌的广告宣传相结合，从而进行群体性的品牌营销。这种方式的趣味性和创意性都会更强，同时也容易被用户记住和传播。目前这种广告设计最为成功的案例之一就是2014年10月的“旅行”品牌的集体文案广告创意。

2014年10月，原淘宝旅行举行新闻发布会，推出新独立品牌“去啊”，品牌意涵浓缩成发布会现场的一页PPT——“去哪里不重要，重要的是‘去啊’”。当事方“去哪儿”随即做出了反应：“人生的行动不只是鲁莽的‘去啊’，沉着冷静的选择‘去哪儿’，才是一种成熟态度！”随后，携程、京东旅行、途家、爱旅行、在路上、看准、游心、周末去哪玩、百程、驴妈妈等都加入了文案广告比拼的队列。

驴妈妈：“去哪儿，听妈的！”

携程：“旅行就是要与对的人携手同行，共享一段精彩旅程”

来来会：“你们都‘去’了，只有我们‘来’了”

爱旅行：“旅行不只是路盲的‘去啊’，也不是沉默的选择‘去哪儿’，‘爱旅行’才是一种生活态度！”

四、语言风格：从普通人的视角，用段子手的表达

新媒体广告传播平台的草根性决定了高雅、不接地气、语意壁垒较高的内容在平台上很难实现较好的传播。因此，新媒体广告的文案设计一定要注意避免自说自话的窘境，更多地从普通人的视角出发去进行内容架构，让广告文案真正打动人心。同时在表述方面，基于新媒体广告娱乐性的特质，用一些逗趣、押韵、情景化的语言来组织整个文案，会比一味地高喊口号有效果得多。用逗趣的段子语言来描摹生活中可能出现的场景，从而增强用户的代入感。

此外，目前在新媒体上兴盛的恶搞文化也是新媒体广告创作不可忽视的一个重要角度。当某一现象级的恶搞事件在网络上掀起风潮时，可以套用其中的一些固定内容，进行新的广告创作。如近年来走红于网络的段子，“那么问题来了：挖掘机技术哪家强？中国山东找蓝翔！”的句式被广泛应用于各类品牌的文案广告。但值得注意的是，这种恶搞跟风类的广告极强调时效性，如果没有在那个恶搞的语境内推出的话，难免会被网友调侃过于滞后，反而招致负面评价。

五、情感诉求：在娱乐之余不要忘记情怀

虽然新媒体广告以娱乐性为其特点，但是在必要的时候文案中还是需要一些情怀的元素。好的新媒体广告需要在恰当的时候选择恰当的文案风格，以期获得最大化的广告效果。如锤子手机发布之初，罗永浩和他的团队饱受质疑和谩骂，罗永浩本人在演讲中的一段话成了当时最为动人的宣传文案："在屡次被黑的道路上，更加爱这个世界；即使不被他人理解，也并不放弃产品。"①

要点小结

1. 明确当下新媒体发展态势，并且对新媒体广告所占市场份额有所了解，梳理新媒体广告发展意识；

2. 结合媒体形态和广告特质，将新媒体广告分为网站广告、视频广告、社交媒体广告、搜索引擎广告、数字标牌广告及 APP 广告这六个大类，其中又可进一步做各个特性鲜明的小分类；

3. 通过对新媒体广告的分类和描述，提炼新媒体广告的主要特质，分别是注重品牌广告的推广、利用大数据实现市场细分和精准投放、注重交互性体验、娱乐性元素明显等特质；

4. 梳理当下新媒体广告存在的内容与形式上的问题，结合 2015 年实施的国家《中华人民共和国广告法》进行探讨；

5. 从内容层面进行简单的新媒体广告设计引导。

思考与探讨题

1. 新媒体广告的特点有哪些？

2. 新媒体广告的呈现方式有哪些？

3. 目前新媒体广告中存在的问题及解决对策是什么？

4. 新媒体广告的发展及其对传统媒体的影响。

5. 在新媒体广告内容参差不齐的背景下，如何提升其内容质量？如何加强对新媒体广告的监管？

① 穆峰 . 玩转新媒体文案创作的七个姿势［EB/OL］.［2015-09-18］.http：//www.chinaz.com/start/2015/0918/448231.shtml.

延伸阅读

1. 舒永平 . 新媒体广告［M］.北京：高等教育出版社，2010.

2. 高丽华，赵妍妍，王国胜 . 新媒体广告［M］.北京：清华大学出版社，北京交通大学出版社，2011.

3. 陈刚 . 新媒体与广告［M］.北京：中国轻工业出版社，2002.

4. 杜国清 . 新媒体激变——广告“2.0 时代”的新媒体真相［M］.北京：中信出版社，2008.

5. 郑欣 . 空间的分割——新媒体广告效果研究［M］.北京：中国传媒大学出版社，2008.

第六章　网络编辑的伦理

本章要点

1. 新媒体失范的特点与具体表现
2. 新媒体失范的原因
3. 国外与国内新媒体规制现状

第一节　新媒体失范的特点、表现与原因

一、“新媒体失范”的界定与特征

新媒体的出现和快速发展，使现代媒介传播技术发生了深刻的变革。以数字技术为基础的新媒体，正在快速渗入人们的生活，重塑着人们的生产和生活方式。然而，随着新媒体广泛影响到社会的各个层面，一些问题也随之出现：大量虚假、色情、诽谤、侮辱的信息出现；侵犯隐私权、名誉权、著作权等现象更加严重 ……新媒体失范越来越成为社会需要面对并解决的问题。

“失范”这一概念最早由法国社会学家涂尔干提出，他认为失范是“一种社会规范缺乏、含混或者社会规范变化多端以致不能为社会成员提供指导的社会情境”①。涂尔干的论述强调失范的社会层面，失范的本质特征是一种反社会的状态。后来美国社会学者帕森斯以结构功能主义解释，“失范现象之所以产生，乃是社会各个系统结构无法完全匹配所致”②。默顿在这一基础上，进一步考虑到个体行为在社会结构中的紧张状态。总体上来看，失范主要分为宏观和微观两个层面：社会规范的缺失与不完善和社会成员主观违背社会规范的行为。

国内外学者也多从这两个维度阐释新媒体环境下“失范”的含义。笔者在比对了相关研究后，认为如下定义概括得最为准确：所谓新媒体失范，就是指“网络社会价值或规范体系的缺失与不健全所导致的调节作用弱化以及失灵，并由此产生整个网络社会的混乱无序以及网络社会成员在虚拟环境下违背主导社会规范的行为”③。

与传统社会失范行为相比，新媒体失范表现出了一些新的特点：

（一）产生环境的复杂性

新媒体失范发生在由网络虚拟环境和现实社会交织的复杂环境中，失范现象带有强烈的网络化特征。失范或以新媒体本身为对象，或以新媒体为手段，表现为在现实社会中发生“越轨”行为，或者表现为在互联网的拟态环境中出现的社会现象。

（二）行为主体的隐蔽性

由于新媒体传播具有匿名性、流动性，网络行为的发生往往是不确定的。通过新媒体

① 渠敬东．缺席与断裂——有关失范的社会学研究［M］．上海：上海人民出版社，1999：29.

② 朱力．失范范畴的理论演化［J］．南京大学学报，2007（4）：131-144.

③ 宫承波，刘姝，李文贤．新媒体失范与规制论［M］．北京：中国广播电视出版社，2010：7-8.

进行的违规违法等失范行为，可以发生在世界的任何地方，甚至是合法的场所，使得这些行为更加难以被识别与跟踪。

（三）作用范围的广泛性

互联网使地球变成了一个村落，世界上不同国家的群体和机构通过新媒体连接在一起，形成了一个全球性、跨国界的共同体组织。新媒体失范更容易跨越国界发生，其带来的影响也不再局限于小范围地区，作用范围可能是整个世界的。

二、新媒体失范的具体表现

正如新媒体失范具有上文提到的特点，其具体表现既有传统失范行为的“新媒体变异”，即原本就存在于社会中的失范行为以新媒体为渠道和载体找到了更广阔的空间；又有全新的失范样态，是新媒体虚拟环境特有的现象，是伴随着新技术和新媒体的发展出现的。具体可以分为如下几类：

（一）新媒体环境信息安全问题

信息安全与个人、社会和国家紧密相关。在新媒体时代，借助于互联网的快速发展和智能移动终端的迅速普及，每个公民个体、企业组织或国家机构都处在网络在线状态。这张由海量信息交织的巨大网络，每天都要面临大量的“异物”突袭，信息安全成了影响社会秩序的关键问题。一般来讲，网络信息系统越重要，就越容易受到攻击。

目前，威胁新媒体信息安全最主要的手段依然是计算机病毒。病毒最早依附在程序中“通过人的帮助使用软盘传播”[①]，到后来利用电子邮件、恶意网站、短信链接等多种方式更广泛地传播。随着新媒体的广泛应用，除了这些常见的传播路径，开始出现一些新的病毒传播方式。

据《纽约时报》报道，2014 年 11 月，一家来自硅谷的安全公司发现了一种被命名为 WireLurker 的病毒。该病毒只在苹果的设备上传播，它感染 Mac 电脑之后，可通过 USB 接口传播到 iOS 设备，窃取用户通讯录信息，还可远程操控用户手机。[②] 随后证实病毒的来源是国内一个名叫麦芽地的论坛，病毒制造者陈某、李某和王某通过在盗版软件中植入病毒程序，造成数十万设备感染。最终这三人被抓获，相关涉案网站被关停。

对于公民个人而言，新媒体信息安全主要集中在即时通信软件（IM）和社交网络（SNS）上。由于用户日常生活和真实场景都发生在上面，用户隐私度和平台价值性都很高。在这样的条件下，就出现了大量利用木马病毒偷盗 QQ 号、微信号等行为，直接威胁

① 琼斯. 新媒体百科全书［M］. 北京：清华大学出版社，2007：477.

② 外媒曝麦芽地论坛有超过 400 款 Mac 应用被感染［EB/OL］.［2014-11-06］. http：//www.tuicool.com/articles/3qU7JnF.

用户的个人信息安全，甚至使用户遭受经济损失。

而对于国家来说，新媒体信息安全失范带来的后果更加严重，甚至可能影响社会的稳定。失范的主要表现有网络泄密、网络煽动、恐怖主义等。据不完全统计，近年来，我国共有 8 000 余台计算机被境外间谍组织远程控制，先后有 200 余万份文件资料被盗。其中，明确标注绝密级、机密级的文件资料高达 6 000 余份，给国家安全和利益带来不可估量的巨大危害和损失。[①] 此外，一些极端恐怖组织通过网络进行煽动，如“世维会”等恐怖组织利用互联网在我国境内组织群体性事件；伊斯兰国（简称 ISIS）更是抓住推特、脸书、瓦次普和自己组建的网站等不同新媒体特点，进行有层次、全方位的宣传，使恐怖主义“无孔不入”。[②]

（二）新媒体信息失实问题

新媒体信息失实是指在新媒体平台上传播内容不真实的信息。由于新媒体传播具有即时性、易复制性、交互性的特点，信息能够更快地抵达受众，且经由用户参与，信息由大大小小的节点不断向外辐射，形成滚雪球式的放大效应。

信息失实一般分为两类：一是网络媒体把关不严，为了追求新媒体的独家效应，导致虚假信息在网络上传播；二是个人或机构出于竞争、经济等因素考量，为达到某种目的有意制作的虚假信息。

2015 年 3 月 18 日晚，一则“新加坡总理公署发布关于李光耀逝世的声明”铺天盖地般出现在互联网上，事件经由互联网迅速传播，国内外传统媒体也开始集体跟进。然而半小时后，事件发生反转，一些抢发、转发的媒体纷纷道歉，声称消息有误。新加坡总理公署对媒体确认，它未发布任何新信息，并呼吁公众查证消息来源的链接。[③]

类似这样的虚假新闻并非个例。在新媒体时代，很多网站为了赢得关注度、点击量，并不去辨别新闻的真伪，也不去考虑这些假新闻是否会带来不良影响。传统媒体为了追求新闻的时效性也盲目跟进，忽视了新闻的真实性。

2013 年 12 月 3 日，一组“外国小伙儿扶摔倒女子被讹”的图片由东方 IC 发布，随后被《人民日报》官方微博、财新网微博等媒体广泛转载。根据《人民日报》官方微博表述：“此事昨天发生在朝阳区，一名东北口音女子在经过骑车老外时突然摔倒自称被撞，并死命抱住对方不撒手。后经医生检查、X 光拍摄后诊断该女子并未受伤。女子随即再度瘫软大呼难受。最后经调解，外国小伙不得不给付 1 800 元医药费，女子方才作罢离开。”

① 王晓易 . 网络泄密案多发间谍盯上大学生［EB/OL］.［2015-04-20］.http：//news.163.com/15/0420/05/ANKDKD6O00014AED.html.

② 李云蝶 . 新媒体的恐怖大玩家：“斗士”是如何汇聚到 ISIS 的［EB/OL］.［2015-11-17］.http：//opinion.hexun.com/2015-11-17/180608148.html.

③ 罗晓汀 .“李光耀逝世”乌龙：互联网为谁背黑锅［EB/OL］.［2017-06-17］.http：//mnews.tuxi.com.cn/news/24/240571.html.

真相却并非如此。记者通过走访发现，中年女子是经过人行横道时被骑车老外撞倒，并非讹诈。事情的真相虽然很快浮出水面，但虚假新闻带来的影响却不能迅速消除。①

另一种主观造谣导致信息失实带来的危害更大。2011 年 3 月，日本福岛特大地震海啸后，各地纷纷传出“碘盐可以防核辐射”“受日本核辐射影响，国内盐产量将出现短缺”的谣言，经由社交网络传播，引发了社会上的“抢盐潮”。经查，3 月 15 日中午，浙江省杭州市某数码市场的一位网名为“渔翁”的普通员工在 QQ 群上发出消息：“据有价值信息，日本核电站爆炸对山东海域有影响，并不断地污染周边海域，请转告周边的家人朋友储备些盐、干海带，一年内暂时不要吃海产品。”随后，这条消息被广泛转发。16 日，北京、广东、浙江、江苏等地发生抢购食盐的现象，产生了一场全国范围内的辐射恐慌和抢盐风波。国家发改委发出紧急通知强调，我国食用盐等日用消费品库存充裕，供应完全有保障，希望广大消费者理性消费，合理购买，不信谣，不传谣，不抢购。随后，谣言逐步告破。②

还有网络“大 V”利用自己的舆论影响力，在微博、微信等新媒体平台上制造谣言，牟取经济利益。2013 年 8 月，北京警方立案侦查发现，以网络红人“秦火火”“立二拆四”为首的网络推手公司——北京尔玛互动营销策划公司，通过互联网策划制造网络事件、蓄意制造网络谣言、恶意侵害他人名誉并非法牟取暴利。③他们主要制造的事件有：编造谣言诋毁雷锋形象，编造了“7・23”动车事故向意大利籍乘客赔偿 3 000 万欧元的谣言，编造谣言攻击张海迪、杨澜等公众人物，利用谣言炒作网络红人郭美美等。

（三）不良信息过载与信息污染

新媒体信息良莠不齐，泥沙俱下。一般来说，网络信息污染主要有两种：一是恶意传播违法信息，主要指与色情、毒品、赌博、暴力恐怖等相关信息；二是网络垃圾信息，比如，强制弹窗和推送，垃圾短信、邮件等。

由于互联网具有虚拟、隐蔽、分享等特点，色情暴力、垃圾信息成了新媒体难以根除的顽疾。面对海量的信息，审查困难重重：一些网站为了获得点击率和用户流量成了非法信息的传播者；用户通过云存储，分享行为也更加具有隐匿性。

2014 年 8 月，有网友举报百度云盘等网络云盘运营商可能涉嫌传播色情内容。随后，百度云团队发表公告称：为了更好地配合国家“扫黄打非・净网 2014”行动，百度云盘将加大对用户上传、存储、分享色情、违规文件的封禁和清理力度，并开通快速举报通

---

① 杨枢 . 自媒体时代下虚假新闻的产生及治理 [EB/OL]. [2014-11-19].http: //news.163.com/14/1119/17/ABEA0BD900014Q4P.html.

② 田兴春，杨孟辰 .《人民日报》盘点十大网络谣言 军车进京、抢盐风波上榜 [EB/OL]. [2013-05-20]. http: //legal.people.com.cn/n/2013/0520/c43027-21543618.html.

③ 王晓易 . 网络推手秦火火、立二拆四被刑拘 [EB/OL]. [2013-08-22].http: //news.163.com/13/0822/04/96RT67LA00014AED.html.

道，严厉打击色情、违规文件。此后，不少网友发现自己网盘中“涉嫌色情的内容被替换成了教育片”①。

由于社交网络的参与，色情视频、图片等还具有病毒化传播的特点。2015 年 7 月 14 日晚，北京市朝阳区某服装店试衣间不雅视频在微信朋友圈里扩散，并被大量网友转发到微博、论坛，甚至被一些机构炒作，进行娱乐化营销。由于涉事不雅，微博上相关视频与段子被平台方删除。国家互联网信息办公室约谈了新浪、腾讯的负责人，责令其开展调查，对涉嫌低俗营销等行为进行严厉查处。北京警方介入调查并通报：将淫秽视频上传新浪微博的孙某某，涉嫌传播淫秽物品罪被依法刑拘，涉案 3 人因传播淫秽信息被依法行政拘留。②

自 2015 年 3 月全国“扫黄打非”办公室组织开展“净网 2015”专项行动以来，截至 11 月，共查办有关案件 1 215 起，关闭淫秽色情网站 20 650 个，删除各类有害信息 100.44 万条；③在微博、微信等“微领域”，新浪微博共清理淫秽色情信息 230 万条，关闭淫秽色情违规账号 5.5 万个；腾讯微信公众平台共清理淫秽色情等有害信息 8 万余条，关闭淫秽色情等有害公众账号 4 000 余个。④

在新媒体环境中成长起来的青少年，更容易受到色情、暴力信息的蛊惑。2015 年 12 月 4 日，湖南省邵东县某中学高三学生、刚满 18 岁的小龙（化名），当着母亲的面将自己的班主任杀害。看着倒在血泊中的班主任，小龙对母亲说：“你不要按住我的手，我要玩手机。”从媒体报道来看，小龙已经彻底迷失在网络玄幻小说中，分不清虚幻与现实的界限，用他自己的话说，“我的世界就我一个人”。⑤

（四）新媒体时代著作权之争

著作权也称版权，它是指“公民、法人或非法人单位基于创作某种作品而享有的署名、发表、出版、获取报酬等权利”⑥。经济学家张五常曾说：“中国的经济困难是制度上的问题，经济制度是产权的问题，知识是一种资产，知识科技对中国现代化是极其重要的。”⑦

---

① 百度网盘将部分涉黄视频替换成教育片［EB/OL］.［2014-08-30］.http：//www.cnbeta.com/articles/323831.htm.

② 池海波 . 优衣库不雅视频案 4 人被处理 优衣库回应无员工涉案［EB/OL］.［2015-07-20］.http：//finance.people.com.cn/n/2015/0720/c1004-27328200.html.

③ 深化“净网 2015”专项行动 六家互联网企业联合发起倡议［EB/OL］.［2015-11-02］.http：//www.shdf.gov.cn/shdf/contents/767/267483.html.

④ 应妮 .“护苗 2015”专项行动已关闭 2.4 万淫秽色情暴力网站［EB/OL］.［2015-10-16］.http：//www.chinanews.com/gn/2015/10-16/7574002.shtml.

⑤ 警惕新媒体埋下的暴力隐患［EB/OL］.［2015-12-11］.http：//news.sina.com.cn/o/2015-12-11/doc-ifxmpnqm3067897.shtml.

⑥ 王军 . 传媒法规与伦理［M］. 北京：中国传媒大学出版社，2010：100.

⑦ 张五常 . 卖柑者言［M］. 成都：四川人民出版社，1988：148.

新媒体带来的传播和介质的革命，给版权保护带来了新的问题。由于新媒体自身具有开放性、共享性的特点，免费的商业模式成为互联网经济的特点，使本就脆弱的版权在新媒体环境中似乎更难得到保障。

2011 年 3 月，贾平凹、韩寒等 50 位作家公开发布《中国作家声讨百度书》，严厉指责百度“偷走了作品”。韩寒指责百度文库存在大量侵犯其著作权的文档，将其状告到法院。2012 年 9 月，北京海淀法院判定百度网讯科技有限公司赔偿韩寒等多位作家经济损失 14 万余元。判决后，作家维权联盟立即发表声明，“这一裁定认定了像百度文库这样专门的功能性网站，不能以避风港原则作为借口逃避对版权保护的责任”①。

所谓互联网的“避风港原则”，源于美国 1998 年制定的《数字千年版权法案》提出的一个概念，是指按照立法者的原意，互联网络服务提供者很难对互联网络信息进行及时有效的审查。因此，在确定创作即享有版权原则的基础上，应当对互联网络服务提供者网开一面，建立所谓的“避风港”。② 这一原则在 2006 年应用于我国的《信息网络传播权保护条例》，“特别是在行业发展的最初阶段，盗版一度成为主流视频网站‘低成本获取用户’的最直接手段”③。但随着社会对版权的重视程度加强，避风港原则越来越受到怀疑。

2014 年 10 月，美国电影协会公布一份全球范围内的音像盗版调查报告，其中迅雷、人人影视等网站列为国内主要盗版视频网站。随后，人人影视宣布暂时关闭，并宣称由于受到版权压力，网站将立即彻底清除所有无版权资源的下载链接；而老牌中文字幕分享网站——射手网也发布公告，宣布正式关闭。④

近年来，随着智能移动终端普及，视频聚合类 APP 也成了版权争议的焦点。根据 2015 年 10 月发布的《手机端 APP 应用侵权情况调查报告》，目前从事侵权盗版的 APP 数量不少于 100 个。它们常用的方式有两种：一种方式是利用网盘等存储视频节目实现侵权目的；另一种方式则更为隐秘，通过深层链接方式，无偿使用正版视频网站的版权资源、服务器与带宽资源。⑤

网络新闻的侵权比起网络小说、音视频等的侵权更加难以治理与界定。2015 年 2 月，新华社连发多篇文章称，微信公众号平台发布的内容抄袭行为横行：《罗辑思维》因“盗版”原创者王路的稿件而道歉；《中国企业家》杂志因未按规定使用《财新》的稿件而道歉，且要求《每日经济新闻》就不署名使用自家稿件道歉……造成“1 人原创，99 人抄

① 余雪菲 . 百度互联网侵权案败诉 赔偿韩寒等 14 万余元 [EB/OL]. [2012-09-18].http：//finance.ifeng.com/news/tech/20120918/7048149.shtml.

② 专利侵权案件中适用“避风港原则”的探讨 [EB/OL]. [2014-09-25].http：//www.sipo.gov.cn/mtjj/2014/201409/t20140924_1013929.html.

③ 网站难解跨国版权之殇 [EB/OL]. [2014-10-30].http：//stock.sohu.com/20141030/n405605196.shtml.

④ 人人影视网宣布关闭 或与视频版权问题有关 [EB/OL]. [2014-11-24].http：//news.eastday.com/eastday/13news/auto/news/enjoy/u7ai3033069_K4.html.

⑤ 方圆 . 聚合类 APP：聚了内容岂能乱了秩序 [EB/OL]. [2015-10-29].http：//www.gapp.gov.cn/chinacopyright/contents/4509/267427.html.

袭”的现象。[①] 大部分侵权行为采用的弥补方式都是先删帖，再道歉，并未受到其他的惩治措施。新闻聚合类客户端“今日头条”自2014年以来一直受到版权争议，先后有多家媒体指责“今日头条”侵犯版权并要求其赔偿损失，包括《广州日报》《长沙晚报》、搜狐公司等。创始人张一鸣也承认，网页“转码”和“优化”存在版权问题。[②] 具有商品性的新闻引发的版权争议可能在未来很长时间内仍将持续发酵。

（五）新媒体隐私权与名誉权问题

正如导演希区柯克在电影《后窗》中对窥私的描绘，新媒体也为每个人打开了这样一扇窗口，人们可以通过网络窥探到陌生人的生活并发表评论，如果带有强烈的情绪反应，还能对其口诛笔伐。用这个比喻是想说，新媒体环境中人们的隐私权和名誉权比过去更容易受到侵犯。

我国学者赵明华认为，“网络隐私权是隐私权在网络中的延伸，是指自然人在网上享有私人生活安宁，私人信息、私人空间和私人活动依法受到保护，不被他人非法侵犯、知悉、搜集、复制、利用和公开的一种人格权；也指禁止在网上泄露某些与个人相关的敏感信息，包括事实、图像以及诽谤的意见等”[③]。

互联网的全球性、即时性等特点决定了一旦利用信息网络侵害个人信息安全，就很有可能迅速蔓延传播，并引发连锁反应，如“人肉搜索”等。一方面，“人肉搜索”可以成为舆论监督的重要渠道；另一方面，“人肉搜索”一旦使用不当，往往造成负面效应的叠加。2013年12月3日，一名高中女生从广东省陆丰市一座桥上一跃而下，一个如花般的生命就此陨落。而悲剧的起因就是该女生在购物时被怀疑偷窃服装，店主于是通过网络发布监控视频截图，直指截图中的该女生为“小偷”，并号召网友们曝光其个人隐私信息。在被“人肉搜索”两天后，不堪亲友指指点点的少女最终选择跳河，自杀身亡。在网络上，众多网友为逝者点亮了蜡烛。一名网友写道：“一路走好，相信天堂里不会再有‘人肉搜索’。”[④]

在大数据时代，商业机构往往拥有海量的用户数据。有两种导致大量隐私数据外泄的途径：一是商业机构被黑客入侵，导致大量数据被动外流。如2014年年底，中国铁路客服中心12306网站发生信息泄露，大量用户数据在互联网上疯传，包括用户账号、明文密码、身份证号码、电子邮箱等。而早在几年前，更有媒体曝出不少酒店的顾客开房记录流

---

① 新华社痛批微信“抄袭”之风 腾讯：零容忍［EB/OL］.［2015-02-02］.http：//sh.qq.com/a/20150202/010099.htm.

② 尤晓岚 . 国家版权局拍板：“今日头条”构成侵权［EB/OL］.［2014-09-17］.http：//www.mzyfz.com/html/752/2014-09-17/content-1078264.html.

③ 张秀兰 . 网络隐私权保护研究［M］. 北京：北京图书馆出版社，2006：54.

④ 汪振春 . 不能让“人肉搜索”侵害公民隐私权［EB/OL］.［2014-10-16］.http：//opinion.cpd.com.cn/n10258251/c25563056/content.html.

出。[①] 一些不法分子还将信息贩卖，导致大量的垃圾信息、销售电话等出现，给人们带来诸多困扰。二是侵权者出于某些目的，对网民个人资料进行收集甚至贩卖。“由于 Cookie 具有强大的网上追踪、目标行销等功能，所以很多网站通常用它来跟踪用户在网上的操作，从而掌握用户的习惯、爱好、消费情况等纯属私密的东西，确定他们的市场策略。”[②]

而网络名誉权是“名誉主体在互联网上享有获得客观公正社会评价以及免受侮辱、诽谤等加害行为的一种人格权利”[③]。按照被侵犯主体的类型划分，可分为侵犯个人名誉和侵犯企业名誉；按照侵权方式划分，则可分为网络侮辱和网络诽谤。

新媒体提供了一个公民讨论的公共空间，但由于微博表达的碎片化、感性化，辩论往往以侮辱、谩骂收场。例如：方舟子与崔永元在微博上对转基因食品安全问题各持己见。但 2013 年 12 月起，双方由辩论发展为“网络骂战”，在微博上言辞激烈。2015 年 9 月，北京海淀法院一审判决，认定双方微博均有言论侵犯对方名誉权，判令各自删除侵权微博，公开道歉并互赔 4.5 万元。双方均不服并上诉。[④]

新媒体相对宽松的环境，使得言论比过去更加随意。但作为公众人物在新媒体上发言，尤其是对商业竞争对手发表评论性言论时，应当仔细斟酌。2010 年 5 月 25 日至 27 日期间，周鸿祎［奇智软件（北京）有限公司董事长］在其新浪微博、搜狐微博、网易微博等微博上发表多篇博文，内容涉及“揭开金山公司面皮”“金山软件破坏 360 卫士”等。金山公司认为这些博文虚构事实、恶意诽谤，诋毁原告商业信誉及产品信誉，且经网络和平面媒体报道后，造成金山公司社会评价的降低。法院最终判决周鸿祎停止侵权，删除相关微博文章，在新浪微博、搜狐微博、网易微博首页发表致歉声明，并赔偿金山公司经济损失 8 万元。[⑤]

（六）新媒体舆论失范问题

舆论失范主要体现在“信息失真、极端言论、情绪性言论以及网络舆论暴力”等方面。[⑥]在“人人都是麦克风”的时代，新媒体成为重要的社交载体。由于身体不在场，人们因以虚拟的带着面具的身份发声而变得更加主动、大胆；同时，网络空间也放大了这种极端化的自我，由于“沉默的螺旋”效应，导致网络言论呈现偏激化的倾向。

---

① 姚润萍.《网络安全法》草案引入删除权和数据泄露通知制度［EB/OL］.［2015-07-31］.http：//news.xinhuanet.com/legal/2015-07/31/c_128077643.htm.

② 宫承波，刘姝，李文贤.新媒体失范与规制论［M］.北京：中国广播电视出版社，2010：150.

③ 黄迦锜.网络名誉侵权的责任主体及其责任浅析［J］.法治与社会，2013（3）：27.

④ 符仲明.方舟子与崔永元名誉权纠纷上诉案开庭 微博内容是否构成侵权惹争议［EB/OL］.［2015-09-29］.http：//www.ce.cn/xwzx/gnsz/gdxw/201509/29/t20150929_6606046.shtml.

⑤ 孙剑岚.北京金山安全软件有限公司与周鸿祎侵犯名誉权纠纷案——公众人物发表网络言论时应承担更大的注意义务［EB/OL］.［2014-10-09］.http：//www.chinacourt.org/article/detail/2014/10/id/1456165.shtml.

⑥ 宫承波.新媒体概论（第三版）［M］.北京：中国广播电视出版社，2011：318.

新媒体舆论失范主要有以下三种呈现方式：

1. 定势与刻板（Stereotype）

"刻板印象"最早由李普曼在他的《公众舆论》一书中提出，"我们一眼就能认出早已为我们定义好的自己的文化，而我们倾向于按照我们的文化所给定的、我们所熟悉的方式去理解"①。由于社会文化的长期浸染，人们渐渐对不同群体形成了固定的印象，这种印象化的描述体现在网络论坛、微博里，就表现为形形色色的标签语言。如新闻中报道官员与富豪之子发生争执，网友会将其称为"官二代""富二代"，并且想当然地认为错在他们，忽略了基本事实。一些新媒体平台为获得点击率，在进行舆论引导时也故意使用这些标签吸引读者眼球，导致舆论失范。

与标签化相对应的还有"污名化"，它是指"一个群体将人性的低劣强加在另一个群体之上并加以维持"②。例如，当有贪官被抓的新闻出现在公众视野，新闻的跟帖仿佛也在狂欢，网民总是假定"凡官必贪"。这些都源于人们脑海中的定势与刻板。

2. 多数人暴力（Mass Violence）

勒庞在《乌合之众》中描述了法国大革命中一群非理性的群众，他们是具有破坏性的、易被迷惑的。新媒体传播也聚集了一群"键盘党"，他们往往会形成群体极化效应，制造多数人的语言暴力。

2015 年 5 月，在成都市娇子立交处，一名男司机将一名女司机的车逼停后当街殴打该女司机。事件曝光后，男司机道歉，被打女司机受到网民广泛同情；但当打人者行车记录仪"卢某被打前连续变道视频"曝光后，剧情反转，被打女司机卢某遭网友"人肉搜索"，身份证、生活照、违章记录甚至开房记录等个人隐私被曝光，大量网民对其进行谩骂，打电话骚扰，卢某不得不写了一封"道歉信"。对"网络暴力"的讨论与各类信息交织在一起，一时间，众声喧哗。③

3. 非理性表达（Irrational Expression）

非理性的政治参与不仅仅在现实中常见，在网络空间中，这种非理性又会随着网络的虚拟性而数倍放大。在网络中经常出现的情况是，一些混杂不良情绪的负面或极端的信息，往往在网络上传播得最迅速，并具有很强的蛊惑力和破坏力。④

2012 年，日本非法购买钓鱼岛事件引发我国民众强烈的民族主义情绪，不少网友在网上失去理性，发表了对日本的极端言论。这些愤怒的情绪经过累积，甚至转化为不少现实

---

① 李普曼 . 舆论学［M］. 北京：华夏出版社，1989：212.

② 彭剑 . 社会化媒体的舆论底线［EB/OL］.［2013-08-05］. http：//media.people.com.cn/n/2013/0805/c192362-22446436.html.

③ 刘洋 . 成都被暴打女司机发致歉信：知错愿受处罚［EB/OL］.［2015-05-11］. http：//auto.sohu.com/20150511/n412808091.shtml.

④ 熊威 . 网络舆论失范及其规避之可能路径［EB/OL］.［2012-05-09］. http：//www.chinacourt.org/article/detail/2012/05/id/516673.shtml.

中的非理性行动：在我国一些城市，出现了多起打砸日系车行为，“不仅导致同胞的财产受到损失，还使爱国游行形象受损”①。

（七）新媒体商业欺诈与网络财产安全问题

商业欺诈是指在市场交易、投资、服务过程中，通过虚构隐瞒事实、发布虚假信息、刻意夸大宣传等方法，误导、欺骗单位和个人，以牟取非法利益为目的，以欺骗为手段的不正当行为。当商业欺诈利用新媒体的手段进入到互联网市场时，由于网络平台自身的不确定性和虚拟化等原因，使得其危害较之一般的商业欺诈的波及范围更广、影响程度更强。

2014年11月20日，在世界首届互联网大会分论坛上，平安陆金所董事长计葵生提到，P2P行业面临的最大的问题并不是信贷问题，而是欺诈问题。2015年，山东乐陵首起P2P网络信贷平台诈骗案引发社会的广泛关注。“乐天在线”打着信贷公司的旗号，捏造假的借款标挂在乐天在线平台上，以高额收益为诱饵，骗取公众的存款。“乐天在线”P2P信贷诈骗案遍及全国25个省、市、自治区，涉及受害人230余人，非法吸收资金2 000余万元。

互联网在当今的社会生活中方兴未艾，随着网络技术的全面进步及日益成熟，互联网金融崛起，逐步渗入社会生活中的经济领域。诸如淘宝、亚马逊、优步、阿里巴巴、支付宝等从事财务交换行为的网络机构，其数量之多、种类之杂、涵盖范围之广已超出社会的基本需求范围。由于网络机构的重复化、网络安全技术的不完善等一系列原因，导致网络财产的安全问题逐渐进入网络消费群体的视野。

随着微信、QQ、新浪微博、支付宝等软件的普遍使用，“抢红包”成了互联网相当抢手且极能点燃用户参与热情的手段。然而，诈骗分子却利用网络用户的“抢红包”心理，通过各类社交软件向用户推送包含钓鱼网站链接的虚假红包，诱导用户点击或者下载。进入钓鱼网站后，用户会根据网站提示填写姓名、身份证号、手机号、银行卡号等相关信息，被迫下载安装手机病毒程序，最终导致用户银行卡被盗刷、个人信息泄露的后果。

（八）新媒体文化霸权与数字鸿沟

“文化霸权”这一概念最早由意大利共产党领袖葛兰西提出，他将文化视为“相对于强制性国家机器的一种隐蔽的统治方式”②。在葛兰西的论述里，领导权不仅表现为统治阶级的利益，而且渗透进从属阶级的文化中，使大众认为这种状态是一种“正常状态”。

在全球化语境中，文化霸权表现为文化强国与弱国、文化强势与弱势群体之间的权力

---

① 曹林.打砸同胞日系车不是爱国是害国[EB/OL].[2012-08-21].http://stock.591hx.com/article/2012-08-21/0000561803s.shtml.

② 李震.葛兰西文化霸权理论[J].学海，2004（3）：55.

关系。在新媒体时代，处于霸权的一方利用网络传播速度快、辐射范围广、运营成本低、活动隐蔽性强等特点，“通过掌控的网络技术，控制网络话语权，进行文化霸权政策推行，并把这种文化霸权作为国家战略的一种重要资源”①。

2015 年 7 月，《国际先驱导报》中有一篇报道：“目前，全球有 13 台域名根服务器，其中，一台主根服务器和 9 台副根服务器都在美国。通过这些根服务器，美国能够轻易进行全球性情报窃取、网络监控和攻击。”②

除了不同国家网络资源掌握不均，新媒体信息传播是非常不对称的，信息的流向主要由发达国家流向发展中国家。随着经济信息、科技信息的流入，意识形态、价值观念等文化信息也开始整合移入，从而使“其他国家原有的民族文化和主流意识形态受到压制和影响”③。

新媒体发展带来的另一个问题是数字鸿沟。它来自于大众传播中的阶层分化理论——“知沟假说”。这一假说认为，“由于社会经济地位高者通常能比社会经济地位低者更快地获得信息，因此，大众媒介传送的信息越多，两者之间的知识鸿沟就越有扩大的趋势”④。

数字鸿沟是知沟假说在新媒体时代的加剧和深化。根据 2015 年 12 月国际电信联盟发布的《衡量信息社会发展报告（2015）》，“最不发达国家在不断推进其连接举措，6.7% 的家庭实现了互联网连接，但与世界平均水平的 46% 和发达国家的 80% 仍有较大差距。数字鸿沟存在于国家之间和国家内部，尤其是国家内部的城市和农村之间。在许多国家，男性和女性之间依然存在着显著的数字鸿沟，而且在收入水平较高和较低的人群之间也存在普遍差距”⑤。

（九）其他失范问题

1. 新媒体报道失范

前面章节已经提到，新媒体改变了新闻生产方式和表达语态，但这并不是说，新媒体报道就不应该遵守传统新闻生产的底线。一个典型的例子是“悬疑新闻”。随着新媒体渐渐成为网民获取信息的路径，类似“男子疑因嫌母丑拒见探亲母亲”“湖北武汉或建世界最高双子塔”“传云南小学生用江水泡饭 校长称是生活习惯”等具有“眼球效应”的新媒体新闻频频进入公众视野，它们的共性是“‘疑’字新闻接二连三、‘或’字标题满天飞舞、

① 郑洁，白崭 . 西方国家网络文化霸权的表现、影响及对策［J］. 理论导刊，2011（2）：78.

② 杨民青 . 解码美国网络霸权［EB/OL］.［2015-07-20］. http：//news.xinhuanet.com/herald/2015-07/20/c_134428679.htm.

③ 黄玉琼，吴非 . 互联网条件下的美国意识形态外交［EB/OL］.［2011-02-14］. http：//media.people.com.cn/GB/22114/206896/214122/13917329.html.

④ 刘雪梅 . 大众传媒发展知沟现状刍议［J］. 当代传播，2003（4）：23.

⑤ 李强 . 国际电信联盟：全球信息社会持续演进发展 数字鸿沟不容忽视［EB/OL］.［2015-12-01］. http：//news.xinhuanet.com/info/2015-12/01/c_134873345.htm.

‘传’来‘传’去形形色色，使新闻信息云雾缭绕”[①]。更有甚者，一些网络新闻刻意迎合社会上“仇官”“仇富”等不良心态，制作带有明显倾向性、误导性、煽动性的标题，消费公众情绪，挑战道德底线，激化社会矛盾。[②]

2. 新媒体语言失范

新媒体语言失范主要表现为基本语言规则的失范和网络语言文明的失范。前者是指网友言论在网络环境突破了既有的语言规则，创造了新的表达方式。常见的有字母型、数字型、图画型、缩略型等。一些网络语言虽然有个性，但是并不具有普遍性，如果不加以解释，不能被大众广泛理解；还有类似“火星文”的语言，完全不符合汉语基本规则。有研究指出，过度使用新媒体语言会导致“语言运用能力下降”，甚至“长期使用不规范的网络语言，延伸到现实环境中会影响其个人整体素质”[③]。

网络语言文明的失范则会带来更大的危害。由于新媒体语言表达的随意性、情绪化，不仅出现了自我矮化的“土肥圆”等词汇，还涌现了大量攻讦谩骂的语言，这些表达有不断低俗化的倾向。根据2015年人民网舆情监测室发布的《网络低俗语言调查报告》可知，2014年全年，16个（组）网络低俗用词的原发微博数量达到千万次以上，其中4个（组）网络低俗用词的原发微博数量达到了亿次以上。而根据网民检索情况分析，网络低俗用词之间存在较高的关联性，网络语言低俗、恶俗的情况由此可见一斑。[④]

3. 新媒体广告失范

广告失范是新媒体传播中的重大问题。伴随广告失范，侵犯网上消费者权益、破坏网络市场秩序事件时常发生，影响了互联网经济健康有序发展。新媒体广告失范的表现形式主要有三种：虚假宣传、新闻软文、低俗化营销。

虚假宣传是指为了吸引人们的注意力，广告主使用“最好用”“全球最大”“第一”等词语误导消费者，或者使用偷换概念的方式，在广告语中进行与产品不相符的描述。

新闻软文是一种更隐蔽的广告发布方式，尤其体现在一些聚合类新闻客户端上，一些产品广告往往写成新闻稿的形式而且未做注明，导致人们点击之后才发现是广告营销。

低俗化营销是新媒体广告主为了博得“眼球”采用的无底线的营销方式。如上文提到的某服装店不雅视频泄露后，一些同类的竞品针对这起事件在微信朋友圈、微博上进行自家品牌的炒作、营销，使事件长时间发酵。

---

① 陈诗婷.《人民日报》连发四文批“悬疑新闻”，呼吁抵制"标题党"［EB/OL］.［2014-09-16］.http：//www.qzwb.com/gb/content/2014-09/16/content_4951957.htm.

② 赵强.《人民日报》：警惕“悬疑新闻”背后的“标题党”［EB/OL］.［2014-09-12］.http：//opinion.people.com.cn/n/2014/0912/c1003-25645695.html.

③ 庄雁青.网络语言的失范与规范［J］.湖南教育，2013（4）：43.

④ 杨帆.《网络低俗语言调查报告》全文发布［EB/OL］.［2015-06-04］.http：//news.xinhuanet.com/info/2015-06/04/c_134295602.htm.

三、新媒体失范的原因分析

本节第二部分按新媒体事件的不同属性列出了目前新媒体失范的多种表现，它们涉及新闻生产、网络舆情、互联网经济、公民权利、信息安全与国家安全等诸多方面。导致新媒体失范的原因是多样的，可能既和整个社会结构、技术文化背景相关联，又涉及机构与个体的具体行为。总体来看，对于近年来我国出现的新媒体失范现象进行原因分析，可以从以下三个层面展开：

（一）宏观层面：技术发展、社会转型中的制度与价值缺失

新媒体的出现制造了新的拟态空间。“在以血缘、地缘、业缘关系为行为基础的现实社会，社会舆论、内心信念、传统习俗等道德评价都可以很好地发挥作用，人们的行为自然受到各种关系的牵制与约束。”①但新媒体社会中现实道德伦理发挥作用有限，而一套适用于新的拟态空间的价值与规范体系尚未形成。

技术的发展与人类日常生活处于一种时刻互动的状态。这种互动，说得极端一点，按照“技术决定论”的观点，“技术是社会变迁中占支配和统治地位的力量，决定着社会生活的其他方面”②。这一学派的观点虽然偏颇，但它揭示了技术的先导性，即新技术的出现对社会产生的巨大影响力。由于技术的发展往往先于社会制度或社会意识的变化，新媒体对社会的适应过程也必然能反映出制度的空缺，甚至会与既有的社会规则进行博弈，导致失范出现。

另一方面，新媒体是伴随着新一轮的市场经济转型出现的。在推动第三产业不断发展的路上，由于过分强调“市场对经济配置起决定性作用”，在激发新媒体创新活力的同时，出现了规制缺失的情况，导致市场不透明或出现不当竞争，发生“劣币驱逐良币”的现象。

到目前为止，尽管我国为新媒体监管立法做了很多努力，但还未形成专门的新媒体法律，所以更谈不上一套成熟的新媒体管理体系，以致出现监管主体缺失、监管无力、监管人员相互推诿等一系列问题。

（二）中观层面：被商业性裹挟的媒体机构

我国市场经济建设取得了举世瞩目的成绩，但市场经济高速发展的一个副作用也随之相伴。由于经济增长长期挤压道德文化建设，“社会道德风尚亟待重振，传统文化根脉亦需传承。因为追逐利益所带来的行为失范、不良思潮也在新闻传播领域蔓延，在激烈的市

① 宫承波，刘姝，李文贤 . 新媒体失范与规制论［M］. 北京：中国广播电视出版社，2010：8.

② 李明伟 . 媒介环境学派与“技术决定论”［J］. 国际新闻界，2006（11）：41.

场竞争面前，许多媒体难免‘利益第一’，忽略传媒伦理，忽视人性关怀”[①]。和传统媒体相比，诞生于市场经济高速发展时期的新媒体天然具有更高的商业性。

新媒体的盈利模式虽然更加多样化，但广告仍然占据相当大的比重。在新媒体时代，由于海量的信息，注意力成了更加稀缺的资源。由于新媒体传播特性是“以快取胜”，赚取“眼球经济”，因此，和传统媒体相比，更加注重信息的发布速度和话题引爆点，往往在第一时间抓住人们的视线，获得更高的点击量，以便获得更大的经济利益，从而背离了媒体机构应该承担的社会责任。

另一方面，传统媒体在新媒体冲击下产生的“末日心态”和面临的财务困境，致使许多媒体开始禁不住诱惑“赚快钱”。[②]由于急迫寻求转型出路，为了眼前利益牺牲长远利益，媒体机构弱化了对新闻的“把关”，导致新闻寻租等失范现象屡屡发生。

（三）微观层面：社会大变革下的个体迷失

新闻从业者专业主义精神的缺失是造成新媒体失范的主要原因。新媒体行业自身从长远角度来说，蕴藏着不可估量的发展潜力，一部分传统媒体人甚至转型至新媒体行业寻求更高层次的职业发展。然而，由于新媒体行业自身的媒介平台特点、传播环境、受众接受信息的心理独特性等原因，使得新媒体的内容生产较之传统媒体具有明显的差异性。部分新媒体新闻工作者由于片面追求新闻的时效性和“吸睛效果”，抛弃新闻从业者应有的专业精神和专业素养，无视新闻本体对于新闻从业者的各项要求。有的新闻从业者抛弃新闻的真实性原则，无视具体事实的真实、新闻要素的真实，更不必谈新闻总体的真实、本质的真实，在报道内容的选取和报道方向的把握上以如何夺人眼球、如何增加点击量为第一目标，因而，生产出的皆是数量大而质量低、标题亮而内容俗的媒介内容。有的新闻从业者甚至以生产带有性隐喻和色情因素暗示的内容为目标，极大地破坏了新媒体行业的整体规范和道德水准。

同时，不可忽视的是，受众也需要对新媒体的失范承担一部分责任。由于新媒体的出现，给原本缺失话语权的普通受众提供了自由发声的有效途径。并且新媒体平台受众成员身份的匿名性、传播信息的模糊性、群体成员身份的多重性，以及网络规范制度的不完善、不健全等特点，使得适用于现实社会层面的道德伦理、法律法规在较大程度上丧失了对受众的约束效力，受众心理往往产生法不责众、无所顾忌之感。巴赫金提出的“狂欢理论”得到印证，受众行为表现出宣泄性、大众性和颠覆性以及强烈的反制度、反权力、反规范的倾向，从而大大增加了新媒体的传播风险，同时也导致新媒体的失范现象频发。

---

① 严三九，刘峰．试论新媒体时代的传媒伦理失范现象、原因和对策［J］．新闻记者，2014（3）：25.

② 孙文婧．王天定：新闻寻租何以频发？［EB/OL］．［2014-09-12］．http：//opinion.caixin.com/2014-09-12/100728330.html.

最后，就新闻从业者与受众共同生活的媒体环境而言，存在着浓厚的“娱乐至死”的倾向，将“娱乐化”作为一切内容生产的前提和最终目标，不仅使得部分内容生产的类型应有的严肃性和广度、深度普遍缺失，更使得新闻从业者在内容生产上“以黑为白”，受众在内容接受上则相应地“认黑为白”。整个媒体环境在“娱乐至死”的不良引导下走向黑白颠倒的趋势，新媒体失范现象则理所应当地成为必然现象得以出现、深化，直至最终成为常态化。

第二节　新媒体的规制与管理

一、新媒体法律规制：从起步到腾飞

2015 年 12 月，第二届世界互联网大会在我国浙江乌镇召开。习近平主席在开幕式上发表了主旨演讲，其中一个重要观点是，“网络空间不是‘法外之地’。网络空间是虚拟的，但运用网络空间的主体是现实的，大家都应该遵守法律，明确各方权利义务。要坚持依法治网、依法办网、依法上网，让互联网在法治轨道上健康运行”①。

事实上，自 1991 年的《计算机软件保护条例》（现已失效）颁布以来，经过 20 多年的发展，我国已初步形成了一套关于网络媒体规制与管理的法律体系。这些法律“数量庞大，内容广泛，影响巨大，涉及经营行为规范、网络技术规范与安全、版权保护、司法解释与法律教育等多个方面，构成了整个法律体系的血肉部分，最能体现出当前阶段一些制度涉及的发展和变化方向”②。

按照新媒体法律规制建设的不同阶段，大致可以分为如下四个部分：

（一）初始阶段

1994 年到 2000 年是我国互联网建设初期，也是传统电信立法阶段。互联网立法是内化于传统电信立法之中的。1994 年 2 月，国务院颁布《中华人民共和国计算机信息系统安全保护条例》，这是我国第一部关于互联网管理的法律文本，主要面向网络安全。1996 年 2 月 1 日，国务院第 195 号令发布了《中华人民共和国计算机信息网络国际联网管理暂行规定》，明确规定：“国务院信息化工作领导小组办公室负责组织、协调有关部门制定国际联网的安全、经营、资费、服务等规定和标准的工作。”这一阶段颁布的法律法规还有：1997 年 5 月，国务院颁布的《中国互联网络域名注册暂行管理办法》；1998 年 2 月，国家保密局颁布的《计算机信息系统保密管理暂行规定》；1999 年 5 月，中国证监会颁布的

---

① 习近平互联网大会演讲向世界传递十大信号［EB/OL］.［2015-12-16］.http：//tech.qq.com/a/20151216/053866.htm.

② 展江，吴薇 . 开放与博弈——新媒体语境下的言论界限与司法规制［M］. 北京：北京大学出版社，2013：124.

《国际互联网站信息发布管理暂行办法》。

从这些法律条文名称不难看出，这一时期的规制多以“暂行规定”“暂行办法”等形式出现。一方面，这反映了我国早期互联网法律规制不够成熟；另一方面，这些法律规制初步搭建了法律框架，为以后的发展奠定了基础。

（二）发展与完善阶段

该阶段从时间上来说具体为2000年年初至2005年年初，在这期间，我国政府制定了一系列法律法规，对网络媒体的各个领域进行了较为有效的约束。但总体来说，由于法律法规尚处于发展阶段，其在细化层面和完善度上存在一定的缺憾和不足。

2000年对于互联网立法来说是一个重要的年份，由于在2000年我国政府出台了一系列重要的网络管理法律法规，所以2000年又被称作“网络立法年”。2000年9月，国务院颁布了《中华人民共和国电信条例》和《互联网信息服务管理办法》。《中华人民共和国电信条例》旨在规范电信市场秩序，其中的具体条例对互联网和中国的信息产业具有一定的引导作用。《互联网信息服务管理办法》则是我国第一部对网络媒体进行管理的行政性法规，是中国网络媒体内容管理的根本大法，旨在规范互联网信息服务活动，促进互联网信息服务健康、有序发展。2000年12月，第九届全国人民代表大会常务委员会通过了《全国人民代表大会常务委员会关于维护互联网安全的决定》，这是我国互联网管理体系中具有最高效力的法律文件。除此之外，2000年1月，国家保密局颁布了《计算机信息系统国际联网保密管理规定》。2000年11月，国务院新闻办和信息产业部颁布了《互联网站从事登载新闻业务管理暂行规定》，信息产业部颁布了《互联网电子公告服务管理规定》。2001年8月，新闻出版总署颁布了《关于对出版物使用互联网信息加强管理的通知》。2002年6月，新闻出版总署和信息产业部颁布了《互联网出版管理暂行规定》。2003年5月，文化部颁布了《互联网文化管理暂行规定》。2004年7月，国家广电总局颁布了《互联网等信息网络传播视听节目管理办法》和《广播电视视频点播业务管理办法》。2005年4月，国家版权局和信息产业部颁布了《互联网著作权行政保护办法》。

（三）相对成熟阶段

该阶段从时间上来说具体从2005年年初至2012年年末。这一期间，由于网络媒体逐步走向发展的高潮阶段，关于网络媒体的法律法规得到了进一步的细化和完善。总体来说，网络媒体的法律法规进入到相对成熟的阶段。

2005年9月，国务院新闻办公室和信息产业部联合发布了《互联网新闻信息服务管理规定》，旨在规范互联网新闻信息服务，满足公众对互联网新闻信息的需求，维护国家安全和公共利益，保护互联网新闻信息服务单位的合法权益，促进互联网新闻信息服务健康、有序发展。2005年10月，信息产业部颁布了《互联网站管理工作细则》，旨在切实加强互联网站管理工作，建立互联网站管理工作长效机制，规范、细化互联网行业内部管理流程。2006年5月，国务院颁布了《信息网络传播权保护条例》，其中涵盖了合理使用、法定许可、避风港原则、版权管理技术等一系列内容。2007年12月，国家广电总局颁布了《互联网视听节目服务管理规定》，进一步为视听网站确立了规范。2008年2月，新闻出版总署颁布了《电子出版物出版管理规定》。2009年3月，国家广电总局颁布了《关于加强互联网视听节目内容管理的通知》。2009年4月，工信部颁布了《互联网网络安全信息通报实施办法》和《电信网络运行监督管理办法》。2009年8月，国家广电总局颁布了《关于加强以电视机为接收终端的互联网视听节目服务管理有关问题的通知》和《关于加强互联网证券期货讯息、广告宣传等专业性视听节目服务管理的通知》。2010年1月，工信部颁布了《通信网络安全防护管理办法》。2010年2月，最高人民法院和最高人民检察院颁布了《关于办理利用互联网、移动通信终端、声讯台制作、复制、出版、贩卖、传播淫秽电子信息刑事案件具体应用法律若干问题的解释》。2010年9月，工信部颁布了《关于加强国际通信网络架构保护的若干规定》。2011年12月，工信部颁布了《规范互联网信息服务市场秩序若干规定》。2012年6月，国务院颁布了《关于大力推进信息化发展和切实保障信息安全的若干意见》，大力推进信息化发展和切实保障信息安全，对调整经济结构、转变发展方式、保障和改善民生、维护国家安全具有重大意义。

（四）飞速发展的新阶段

党的“十八大”以来，我国网络空间法律体系基本形成，并且进入到飞速发展的新阶段。随着新媒体时代来临，互联网渐渐从PC端走向移动端，新媒体被广泛应用到生产生活中，进入到媒介深度融合的新阶段。一方面，我国启动了全局性、综合性、根本性的立法工作，比如，我国网信办牵头编制了立法规划，将《网络安全法》《电信法》《电子商务法》统筹考虑并积极推进立法进程，“加快推动制定关键信息基础设施保护、互联网信息服务管理、互联网数据管理、个人信息保护、未成年人网络保护等方面的立法”[①]。另一方面，相关法律法规、规章和司法解释加快出台，如从2015年11月起实施的《刑法修正案（九）》规定，“微信、微博造谣最高可判7年”；《中华人民共和国电信条例》《计算机软件保护条例》等法律法规的出台，使传统法律延伸到网络空间。

此外，随着“互联网+”深入到各行各业，政府的网络治理理念也在发生变化。操作上的规范性文件开始出台，强调“底线思维”，用“互联网思维”的新式治理模式取代“以罚代管”的传统行政方式。2014年8月，国家网信办发布《即时通信工具公众信息服务发展管理暂行规定》，简称“微信十条”，明确公众号需审核、备案等。2015年2月，国家网信办发布《互联网用户账号名称管理规定》，简称“账号十条”，要求网民的账号、

① 韩家慧.国家网信办：“十八大”以来网络空间法治化全面推进［EB/OL］.［2015-12-14］.http：//news.xinhuanet.com/legal/2015-12/14/c_128529424.htm.

头像、简介等注册信息不得出现危害国家安全、破坏民族团结等违法或不良信息。

政府的管理手段也体现出“柔性思维”的治理方式。2015 年 4 月，国家网信办发布《互联网新闻信息服务单位约谈工作规定》，简称“约谈十条”。若互联网信息服务单位存在违法采编、转载新闻信息等九种情形，主要负责人或总编辑将被“约谈”。“约谈制度”正式成为我国互联网主管部门“事中监管”的重要举措，使过去强势单一的行政手段“拓展为一个相互交融的平台”①。

从法律规制的整体建设来看，我国已经基本形成“涵盖了网络安全立法、互联网基础设施与基础资源立法、互联网服务立法、电子政务立法、电子商务立法以及互联网刑事立法等各个方面”②的网络空间法律体系。但是，针对新媒体的立法仍然有很大的发展空间。目前出现在新媒体领域的法律纠纷事件，也暴露出法律规制存在的诸如法律效力层次偏低、“框架多，细则少”、执行困难等诸多问题。

以新媒体出版为例，虽然为了应对网络对知识产权保护的挑战，我国两次修改《著作权法》，并制定了一系列法律和相关解释，但“新媒体出版法律规范的具体条款多由传统出版法律规范简单变通而来，且在一些具体问题的法律规制上，存在政出多门、多头监管以及相互抵触之处。在新媒体出版涉及的法律关系主体和客体界定上模糊不清，对相关权利和义务的界限也不够明确”③。

二、道德伦理规制：行业自律与网民自律

自律是指“没有通过法律实施的，由个人或团体在自愿的基础上实行的标准、行为守则、程序和规则”④。自律通常包含两个方面，即行业自律与网民自律。这意味着需要政府授权给行业机构和用户，依靠道德、专业主义规范、公众监督、技术规制等手段实现自我约束。

和法律相比，自律实施更加快速，能够根据具体情况及时灵活调整，节省规制的成本。在传播内容和方式都发生颠覆性变革的新媒体时代，新媒体自律显得尤为重要。

（一）行业自律

按照行业自律主体所属的不同层次划分，可以从行业组织、新媒体机构和从业者三个层面来把握我国新媒体行业自律的特点。

1. 行业组织的宏观控制

2001 年中国互联网协会成立，它是由国内从事互联网行业的网络运营商、服务提供

①② 李丹丹 . 网络治理：内外兼修刚柔并济的中国智慧［N］. 新京报，2015-12-14.

③ 刘建 . 传统出版与新媒体出版衔接的法律规导［J］. 出版发行研究，2014（9）：82.

④ 唐建英 . 博弈与平衡：网络音视频服务的规制研究［M］. 北京：中国广播电视出版社，2011：196.

商、设备制造商、系统集成商以及科研教育机构等多家互联网从业者共同发起成立的，成为网络传播的全国性行业组织。2002年，中国互联网协会推出的《中国互联网行业自律公约》，初步起到了对网络传播行业的指导和约束作用。

随后，行业自律组织不断向地方性、子行业、新领域深入。例如，2011年12月，全国首家新媒体协会——北京新媒体协会成立，标志着新媒体的发展将更加自律有序，“协会将引导会员守法经营，维护会员的合法权益，积极探索新媒体发展与运营模式”①。

2013年，互联网金融这一年轻的新生事物进入公众视野，并且经历了一段“野蛮生长”时期。2015年，互联网金融获得了政策的支持和监管的认可，但同时，平台跑路、不合规等新闻也不时给行业带来负面冲击。②在法律规制尚不完善的情况下，2015年7月，央行等十部委出台了《关于促进互联网金融健康发展的指导意见》，明确了互联网金融行业自律的重要性，并提出将“组建中国互联网金融协会”③。而从地方实践来看，浙江互联网金融联盟在2015年9月成立，成为引导行业自律规范发展的创新尝试。

行业自律组织在不断发展中，拥有了更强大的社会影响力，反映了其在行业运作与政府管理之间起到越来越重要的桥梁和纽带作用。在实践中，除了对机构和个体产生约束外，行业自律组织还发挥了宏观指导和协调功能。

2. 新媒体机构的自律

新媒体机构的自律有其必要性。一方面，绝大部分新媒体具有天然的商业属性，在追逐经济利益的过程中会出现道德滑坡；另一方面，新媒体应当承担社会责任，责任的缺失会影响新媒体的声誉，失去公信力，最终损害的还是机构自身的利益。因此，自律成为关乎机构自身发展和发挥社会影响的关键环节。

我国现有新媒体信息发布机构都出台了相关的自律准则，体现在各种类别的管理规范中，这些规范既有对平台管理和机构内部从业者的规定，也有对网民行为的规定。另外，从技术上也采取了相应的措施进行规范，下面举两个例子：

新浪网于2010年11月启动了微博辟谣工作，针对微博中恶意、有害的不实信息及时进行查证和辟谣。后来形成了“微博社区管理中心”，并相继发布《新浪微博社区公约》《新浪微博社区管理规定》等文件，逐步完备了从微博造谣、人身攻击、不安全信息（钓鱼网站、木马病毒）、煽动民族仇恨等全面的违规行为界定与处罚措施。

腾讯微信作为微信公众号的开发者和管理者，一直在关注微信公众号抄袭、侵权以及传播低俗信息、涉嫌违法内容等现象。2015年，微信开始加大了对微信公众号不规范行为的惩处力度。2015年年初，微信官方针对媒体类型的公众账号推出了“原创声明”，旨

① 新媒体协会昨成立旨在促进行业自律［EB/OL］.［2011-12-21］.http：//www.fawan.com/Article/jj/zh/2011/12/21/131744 140466.html.

② 凌冲，牛颖惠，余雪菲.去伪存真互联网金融会更健康［N］.京华时报，2015-12-17.

③ 范雪娇.信和财富：互联网金融行业自律是根本［N］.法制日报，2015-12-16.

在保护微信公众号原创者的权益。

同时，微信公众平台一直致力为用户提供绿色、健康的生态环境，坚决打击涉嫌淫秽、色情及低俗等信息，依照《微信公众平台服务协议》及《微信公众平台运营规范》，对发送低俗类文章的行为进行整顿，其中包括对发送低俗内容的账号进行阶梯性封号处理；对名称、头像、功能介绍涉及低俗内容的，进行清空处理；对发送淫秽色情类文章的账号做注销处理等措施。①

3. 从业者的专业主义规范与自律

作为新媒体从业者，一方面，和传统媒体从业者一样，应当遵循基本的职业道德规范，发挥媒体人的职业素养。作为信息的把关者，新媒体从业者应该坚决地制止不良信息进入传播渠道，能够筛选出真实可靠的信息，正确引导舆论。另一方面，新媒体从业者面临的是一个海量信息的新环境，大的媒体生存环境中出现了更多的市场诱惑，这就对新媒体从业者的专业主义精神和道德水平提出了更高的要求。

现在对从业者的自律要求主要体现在《中国互联网行业自律公约》等行业组织出台的准则和新媒体机构内部的运行管理手册上。从目前的行业现状来看，新媒体从业者的专业素质还需提高。目前，从事新媒体工作的年轻人比重较其他行业高，对于国情、党的新闻纪律、媒体承担的社会责任理解得不够深入。新媒体机构应该通过组织培训、考核等方式提高从业者的素质，促进从业者道德修养的不断完善。

（二）网民自律

习近平在第二届世界互联网大会上除了提到将互联网健康发展纳入法治轨道，他还特别强调“要加强网络伦理、网络文明建设，发挥道德教化引导作用，用人类文明优秀成果滋养网络空间、修复网络生态”②。

由于网络这一新兴媒体的特殊性，部分既有的伦理道德在互联网环境中往往失去对用户有效的约束力，从而引发了一系列互联网媒体上的用户失范现象。因此，建立起一套独立的网络编辑伦理体系成为当务之急。提倡网络文明、加强网络道德建设，是实现网络信息有效管理的重要因素，而这些因素都离不开网民的自律。

从理想化的具体表现形式来看，网民的自律应表现为：

第一，自觉遵守互联网上的各类行为规范，诸如网络礼仪、网络宪章、业界伦理守则、网络公约、用户协议等。例如优酷网、土豆网等提供用户上传自制视频服务的专业视频网站在用户协议方面都有关于限制不适宜内容上传的具体规定。例如，禁止利用宣扬邪教和封建迷信、淫秽、色情、赌博、暴力、凶杀、恐怖或者教唆犯罪、侮辱、诽谤他人，

---

① 相欣 . 微信整顿低俗文章 违规四次永久封号［EB/OL］.［2015-03-25］.http：//tech.qq.com/a/20150325/065437.htm.

② 王真 . 习近平第二届世界互联网大会演讲全文［EB/OL］.［2015-12-16］.http：//tech.163.com/15/1216/11/BAV14748000915BF.html.

侵害他人合法权益等法律、行政法规禁止的内容。不过，由于网络媒体的特殊性，上述规定的实际效力往往不尽如人意。因此，规定的遵守在很大程度上取决于用户的自愿遵守、自我把控和自我管理，用户能否自律是规定能否被遵守的前提条件。

第二，自愿使用过滤分级等内容控制技术。例如，家长使用内容控制技术，将有可能危害未成年人心理健康的不良内容加以主动地控制和拦截，从而达到保护未成年人的目的。

第三，接受媒介素养教育。当今的宏观媒体环境中以受众为本位的整体趋势逐渐明朗，受众不再仅仅是简单意义上的信息接收方，即单方面的浏览和消费互联网内容，同时也成为具有互动性的内容生产主体。微博、微信等多种社交媒体正逐步地改变和重塑着人们的生活态度和生活方式，人们被给予了充分的话语表达权利。在匿名性的前提下，用户转变成了内容生产的主体，且在内容生产的过程中重构着互联网中的社群关系。然而，正由于匿名性、信源不确定性等原因的存在，使得内容泛滥和侵犯个人隐私等问题成为可能。因此，对用户进行媒介素养教育是必要的。媒介素养教育不仅包括对于用户的文化素养、价值判断、知识结构等进行一定的塑造和引导，还包括对用户在诸如内容分析、隐私保护等内容控制技术的使用技能上进行一定的培训教育。

要点小结

1. 与传统社会失范形式相比，新媒体失范表现出了一些新的特点：产生环境的复杂性、行为主体的隐蔽性以及作用范围的广泛性。

2. 导致新媒体失范的原因是多样的，从宏观层面来讲，新媒体的出现制造了新的拟态空间，一套适用于新的拟态空间的价值与规范体系尚未形成；从中观层面来讲，新媒体为了获得更多的经济利益而背离了媒体机构应该承担的社会责任；从微观层面来讲，在社会大变革的背景下，部分新媒体新闻从业者由于片面追求新闻的时效性和“吸睛效果”，抛弃新闻从业者应有的专业精神和专业素养，无视新闻本体对于新闻从业者的各项要求，极大地破坏了新媒体行业的整体规范和专业道德。

3. 我国的新媒体法律规制建设大致可以分为初始阶段、发展与完善阶段、相对成熟阶段与飞速发展阶段。

思考与探讨题

1. 什么是失范？新媒体失范有哪些特点？

2. 观察身边的媒介现象，除了书中提到的新媒体失范现象，还有哪些其他的新媒体失范表现？

3. 结合实际谈谈新媒体失范与社会环境的关系？

4. 新媒体的规制手段有哪些？

5. 作为未来的新媒体从业者，应该具备哪些基本法律和道德素质？

延伸阅读

1. 渠敬东 . 缺席与断裂——有关失范的社会学研究［M］.上海：上海人民出版社，1999.

2. 琼斯 . 新媒体百科全书［M］.北京：清华大学出版社，2007.

3. 宫承波 . 新媒体概论（第三版）［M］.北京：中国广播电视出版社，2011.

4. 李普曼 . 舆论学［M］.北京：华夏出版社，1989.

5. 唐建英 . 博弈与平衡：网络音视频服务的规制研究［M］.北京：中国广播电视出版社，2011.

图书在版编目（CIP）数据

新媒体实务 / 付晓光著. —北京：中国传媒大学出版社，2018.6（2020.8 重印）
广播电视新闻专业“十二五”规划教材
ISBN 978-7-5657-2333-9

Ⅰ. ①新… Ⅱ. ①付… Ⅲ. ①传播媒介—高等学校—教材
Ⅳ. ① G206.2

中国版本图书馆 CIP 数据核字（2018）第 092025 号

广播电视新闻专业“十二五”规划教材

新媒体实务

XINMEITI SHIWU

著　　者	付晓光
责任编辑	姜颖昳
特约编辑	刘　英
装帧设计指导	吴学夫　杨　蕾　郭开鹤　吴　颖
设计总监	杨　蕾
装帧设计	刘　鑫　伍玺臻
责任印制	阳金洲
出版发行	中国传媒大学出版社
社　　址	北京市朝阳区定福庄东街 1 号　　邮编：100024
电　　话	010-65450532 或 65450528　　传真：010-65779405
网　　址	http://cucp.cuc.edu.cn
经　　销	全国新华书店
印　　刷	北京玺诚印务有限公司
开　　本	787mm × 1092mm　1/16
印　　张	10.75
字　　数	229 千字
版　　次	2018 年 6 月第 1 版
印　　次	2020 年 8 月第 2 次印刷
书　　号	ISBN 978-7-5657-2333-9/G · 2333　　**定　价**　35.00 元

本社法律顾问：北京李伟斌律师事务所　郭建平

致力专业核心教材建设　提升学科与学校影响力

中国传媒大学出版社陆续推出

我校 15 个专业“十二五”规划教材约 160 种

播音与主持艺术专业（10 种）

广播电视编导专业（电视编辑方向）（11 种）

广播电视编导专业（文艺编导方向）（10 种）

广播电视新闻专业（11 种）

广播电视工程专业（9 种）

广告学专业（12 种）

摄影专业（11 种）

录音艺术专业（12 种）

动画专业（10 种）

数字媒体艺术专业（12 种）

数字游戏设计专业（10 种）

网络与新媒体专业（12 种）

网络工程专业（11 种）

信息安全专业（10 种）

文化产业管理专业（10 种）

本书更多相关资源可从中国传媒大学出版社网站下载

网址：http://cucp.cuc.edu.cn

责任编辑：姜颖昳　　意见反馈及投稿邮箱：3484935667@qq.com

联系电话：010-65783601